見つける東京

岡部敬史・文　山出高士・写真

東京書籍

東京には「すずらん通り」という商店街が15カ所以上あるということをご存知でしょうか。これほどたくさんあるのは、大正期にすずらん型の街路灯を付けたところ商店街が繁盛し、これが広まったのではないかといわれています。

江戸時代、富士山を見る場所として、「富士見坂」の名前が残るように「坂」がよく知られていましたが、今では東京に富士山が見られる坂は少なくなり、新たな「富士見スポット」として羽田空港が人気です。

本書「見つける東京」のひとつの目的は、こういった東京の「多様性」「歴史の多層性」の面白さを、写真を用いて一目でわかるよう紹介することです。

そしてもうひとつの目的は、無数にあるスポットを紹介することではなく、楽しむための「視点」、よりよく東京を知るための「視点」を知ってもらおうということです。ただ「視点」といっても、その数は膨大なものになります。そんななか、その視点を絞る上で指針としたのが「昔の自分に教えたいこと」でした。私は、18歳のとき故郷の京都からこの東京に来て、もう30年近くが経とうとしています。30年前、東京で新しい生活を始めた自分に「こんなことを知っていると楽しいよ」とか「こんな視点で見れば東京がよくわかる」と伝えたいことを、この本で紹介するものの基準として考えました。「地方から来て東京で暮らし始めた人に向けた東京の本」。作っているうちに、こんな性質を帯びてきたのも、この本のひとつの特徴かと思います。

本書は、33の主要項目と11のコラムで構成されています。

主要項目は４ページ構成で、最初の２ページでその写真を掲載。そしてめくったところに、その解説とお店などの情報を紹介しています。なお、２つの場所や建物を並べて紹介している項目では、基本的に西側にあるものを向かって左側のページに、東側にあるものを向かって右側のページに配置しています。ただ、文脈的に時代が古いものを左に置いたほうが読みやすいと判断した場合などは、その限りではないことをご了承ください。

項目は、各項目名の五十音順に配列しましたが、前から順に読む必要はありませんので、パラパラとめくって気になったところからご覧ください。また11のコラムでは、東京のグルメや、楽しみ方、著者の感じたことを綴っていますので、こちらもお楽しみください。

文は主に岡部敬史が担当し、写真は山出高士が担当しました。

なお本書の解説のもとになった歴史や文化の解釈には諸説あり、様々な例外も存在しますが、それらを網羅的に紹介することは本書の趣旨ではありません。著者の視点によって、あるいは代表的な説にしぼって紹介していることをお断りしておきます。

本書で、東京の新たなる魅力に気づき、新たな視点をもって散策や観光を楽しんでもらえたら嬉しく思います。　岡部敬史

東京コラム

東京グルメコラム

デザイン／サトウミユキ（keekuu design labo）　表紙＆本文写真／山出高士

＊山出高士の撮影によらないものは各項目内で明記した。なお、p.15、41、45、61、72（右上・左下）、73（左下以外全て）の写真は岡部敬史撮影である。

東京都MAP

（島しょ部を除く）

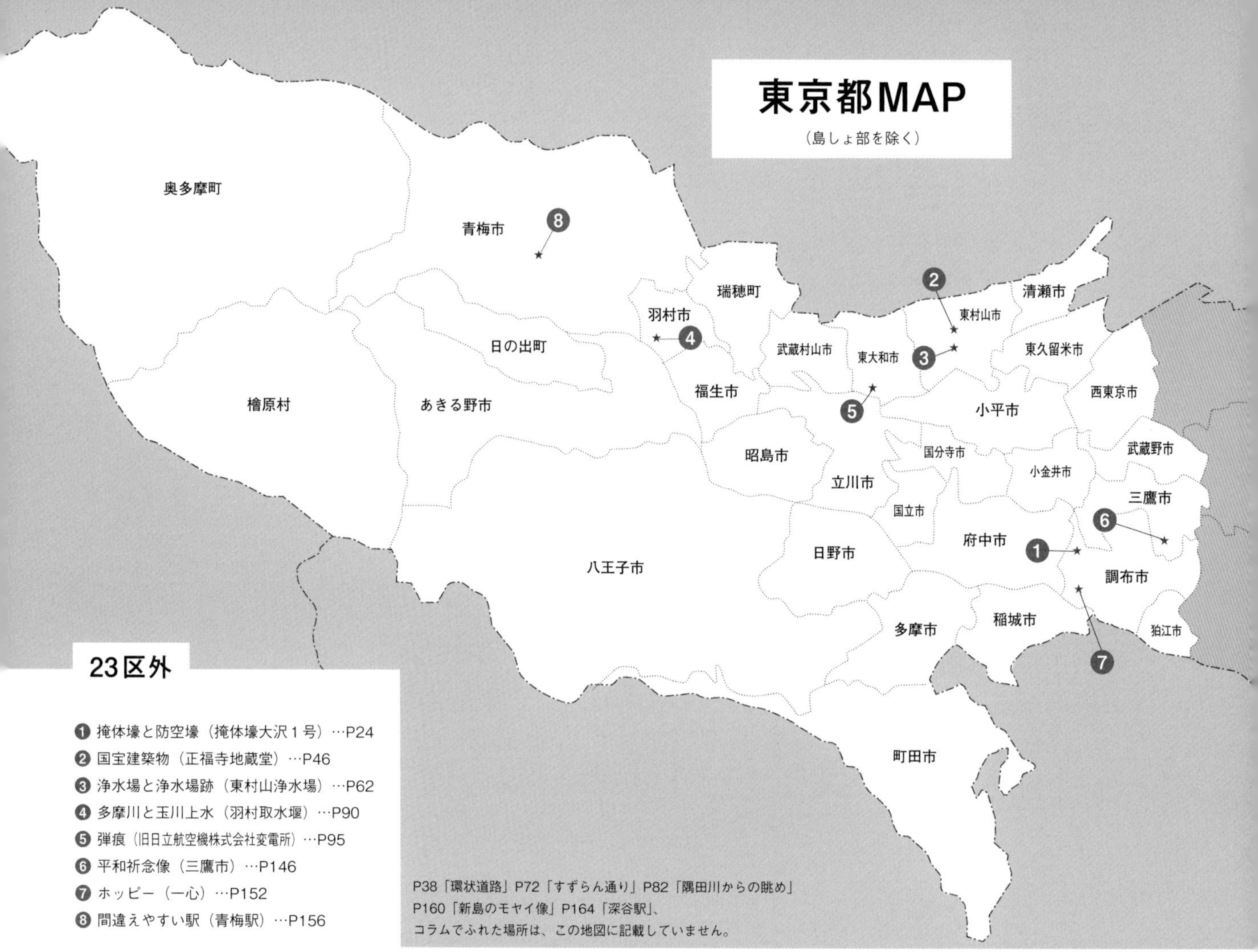

23区外

❶ 掩体壕と防空壕（掩体壕大沢１号）…P24
❷ 国宝建築物（正福寺地蔵堂）…P46
❸ 浄水場と浄水場跡（東村山浄水場）…P62
❹ 多摩川と玉川上水（羽村取水堰）…P90
❺ 弾痕（旧日立航空機株式会社変電所）…P95
❻ 平和祈念像（三鷹市）…P146
❼ ホッピー（一心）…P152
❽ 間違えやすい駅（青梅駅）…P156

P38「環状道路」P72「すずらん通り」P82「隅田川からの眺め」
P160「新島のモヤイ像」P164「深谷駅」、
コラムでふれた場所は、この地図に記載していません。

23区

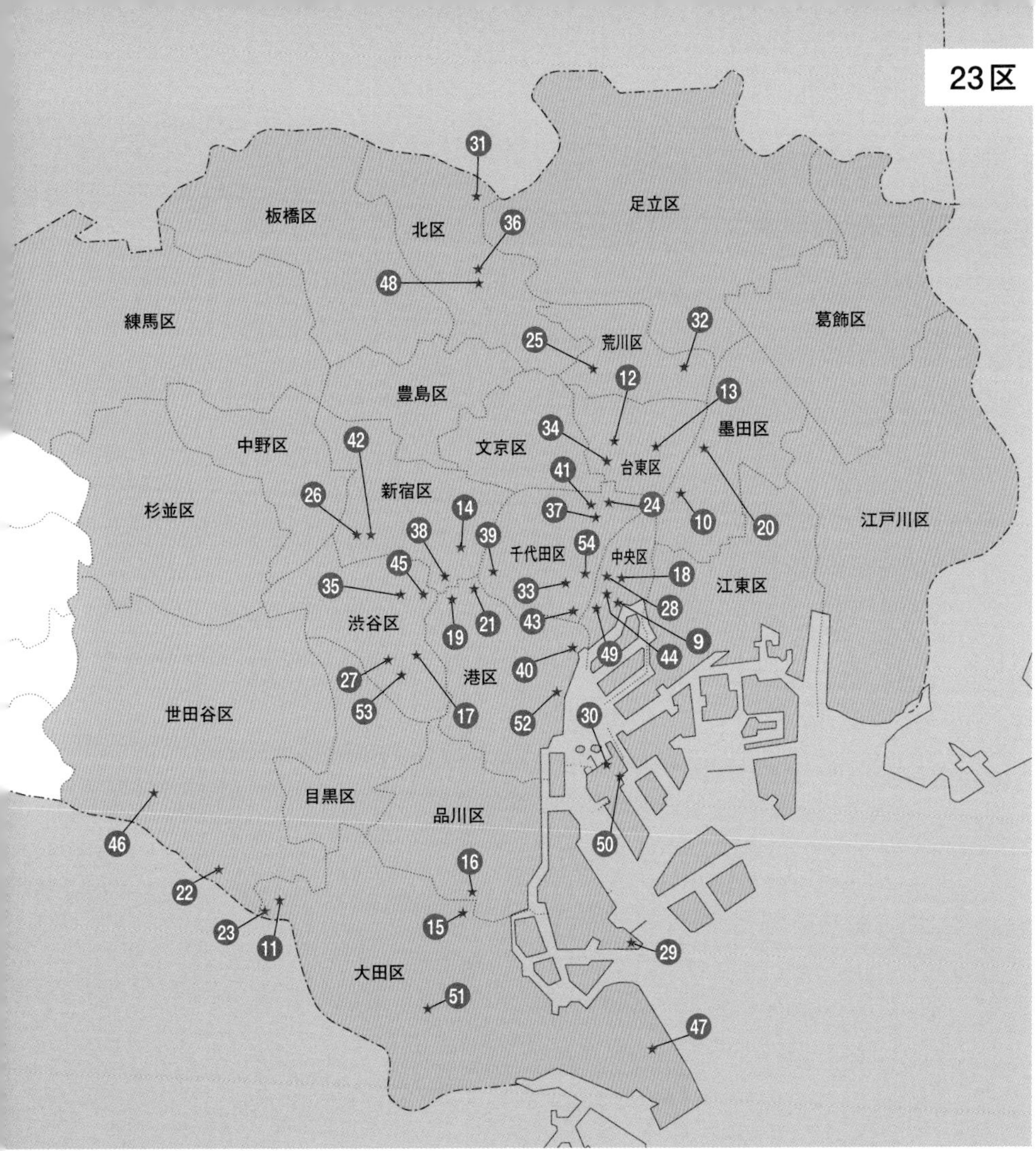
板橋区
北区
足立区
練馬区
荒川区
葛飾区
豊島区
中野区
文京区
台東区
墨田区
新宿区
杉並区
千代田区
中央区
江戸川区
江東区
渋谷区
港区
世田谷区
目黒区
品川区
大田区

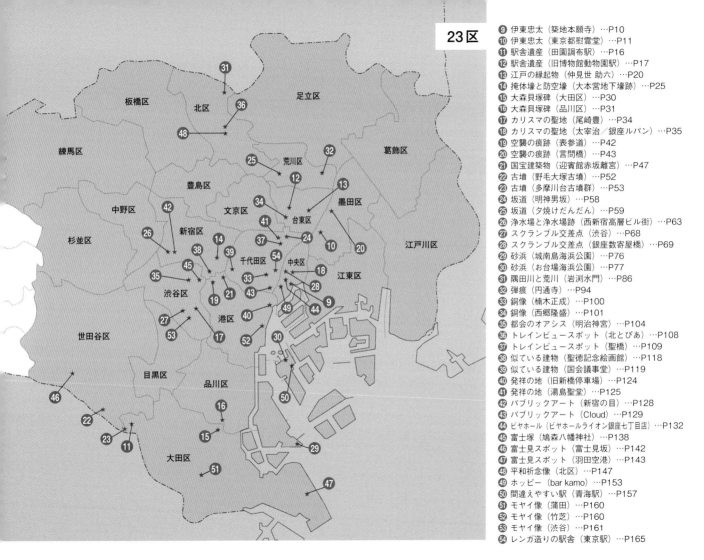

見つける東京

Part.1

あ行/か行

築地本願寺

東京都慰霊堂

伊東忠太

「築地本願寺」と「東京都慰霊堂」は共に伊東忠太が設計した

日本近代建築を代表する建築家である伊東忠太（1867-1954）は、その個性的な建築物からファンも多い。東京ではそんな彼の代表作をいくつか見ることができるが、そのひとつが1934年に完成した中央区築地にある「築地本願寺」。前代の本堂が関東大震災の火災で焼失したことを受けて、伊東忠太が設計した古代インド仏教様式の建物で、建築研究のためにアジア各国を旅してきた伊東ならではのオリエンタルな雰囲気がとても魅力だ。東京におけるもうひとつの伊東忠太建築物の代表格が墨田区の都立横網《よこあみ》町公園内にある「東京都慰霊堂」。関東大震災において大きな被害を出した陸軍被服廠《ひふくしょう》跡に1930年に建てられた霊堂で、同震災の遺骨だけでなく、後には東京大空襲の遺骨も併せて納められた。多様な宗派の人が親しむことができるよう設計されている。

伊東忠太建築では妖怪を探そう

伊東忠太は、日本の建築史を体系的に整理し「建築家」だけでなく「建築史家」とも呼ばれ、明治期に「architecture」の訳語を「建築」として定着させたのも彼の功績である。インドやトルコ、中国に留学し独特の感性を建築物に表現した伊東忠太作品の面白さのひとつは、随所に配された妖怪キャラクター。写真上の２点は築地本願寺、下の２点は東京都慰霊堂で出会った妖怪たち。思わぬところに配されているこの妖怪探しが、伊東忠太建築の大いなる楽しみです。築地本願寺と東京都慰霊堂は、ともに広く開かれた場所であり誰でも参拝可能。ぜひ探しに行ってください。

「すぐに役立つわけでもないこと」が心を豊かにする

～庚申塔って何？～

進学や就職といったタイミングで東京に移り住んできた人は、きっと目の前のことに手一杯で、なかなか東京について学ぶ余裕などなかったのではないでしょうか。自分のことを思い返しても、自宅の周りと自分が乗る電車と、学校とか会社の近くだけを知るだけでも精一杯で、それこそ「蛇口をひねった水はどこからくるのかな？」などと、悠長なことを考える余裕などありませんでした。

しかし、こういった「すぐに役立つわけでもない」ことが心を豊かにすることが往々にしてある。たとえば東京の西側に住んでいる人は、東京の東側を流れる隅田川と荒川の関係というのをあまり知らないのではないでしょうか。P86でも解説していますが、もともとあった隅田川がたびたび氾濫するので、この被害を抑えるために荒川放水路という大きな川を掘った。これが現在の荒川で、この２つの川は赤羽に近い岩淵水門のところで分かれている――。こんなことを知るだけでも、それまで総武線の車内から眺めていた隅田川と荒川の光景が、ずいぶんと豊かに見えるものです。

「庚申塔」というものをご存知でしょうか。

これは道端に建てられた道教に由来するという塔で、全国的にあるものの関東に多いとされ、京都で生まれ育った私は、東京に来て初めて見ました。

世田谷区の住宅街で見かけた庚申塔。様々な場所にある庚申塔ですが、このような三叉路にあるのが、とりわけ美しい！

道教の教えでは、旧暦において60日に一度巡ってくる「庚申《かのえさる》」の日の夜に眠ると、体内に潜んでいるという「三戸《さんし》」という虫が天に昇って神様に日頃の行いを報告するとされ、その報告の内容によっては寿命が縮まるといわれていました。そこでその日は虫が天に昇らないようにと、身を慎み、夜を徹して過ごしていたのですが、そのうちに飲食、歓談する集いになってその場で様々な情報交換をする集会になったそうです。この集会を3年18回続けた記念に建てたのがこの「庚申塔」で、謹慎の態度を表す「三猿」を彫ったものなどが一般的であるものの、いろんな形態があるそうです。僕は、この「そのうちみんなで酒を飲むような楽しい集会になった」という話が大好きで、この庚申塔を見るたびに、昔の人たちが酒盛りをしていたのかと思って楽しい気持ちになります。そんな素敵な庚申塔は、おそらく外部から中を守るという意味もあるのでしょう。よく三叉路の分岐点などに建てられているのを見かけ、観察していると道すがらお辞儀をしている人もけっこういるのです。

駅舎遺産

田園調布駅

旧博物館動物園駅

役目を終えても 愛されている駅舎がある

我が国における鉄道発祥の地である東京には、役目を終えたのちも愛されている駅舎がある。そのひとつが東京急行線の田園調布駅旧駅舎。1923年（大正12年）に建てられたものだが、1990年（平成2年）に鉄道の地下化と建物の老朽化のため壊されるも、住民などの熱心な運動により建物の外側が復元された。一方「こんなところに駅があったの？」と驚くのが京成電鉄の旧博物館動物園駅。これは日暮里駅と上野公園駅（現在の京成上野駅）の間に1933年（昭和8年）に作られたもので、この地が皇室で引き継がれてきた特別な場所であったため、それに恥じぬようにと西洋風の荘厳なデザインにされた。ただホームが短いといった理由もあり1997年に営業休止に至るも2018年には鉄道施設としては初めて「東京都選定歴史的建造物」に選ばれるなど、その価値が高く評価されている。

商業施設として生まれ変わった「万世橋駅」

かつて中央線の神田駅と御茶ノ水駅の間にあった「万世橋駅」は、1943年（昭和18年）に乗降客数の減少により休止されることになった。その後も駅として復活することはなかったが、この万世橋駅の赤レンガや階段などの遺構を整備して、2013年にオープンしたのが「マーチエキュート神田万世橋」。多様な業種の店舗が入った商業施設で、ここに駅があった時代に思いを馳せながら食事やショッピングを楽しむことができる。

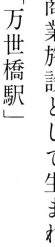

江戸の縁起物玩具

赤梟

笊かぶり犬

江戸で愛されてきた縁起物の玩具は
小さく精巧

八代将軍・吉宗の時代などにたびたび贅沢を禁じる「奢侈《しゃし》禁止令」が出されたため、幕府のお膝下である江戸では、とくに大きな玩具などを飾ることが御法度とされた。そこで生まれたのが、小さく精巧な細工を施した玩具。江戸の地には、この玩具に庶民の願いや祈りが託された縁起物がいくつもある。その代表格のひとつが「赤梟《ふくろう》」。赤い色は古来より疱瘡《ほうそう》除けの色と信じられており、江戸時代にはこの命にかかわる病気から子どもを守るために、赤色の玩具がよく作られた。この梟は、倒れても起き上がるように細工がしてあり、回復を祈るという思いも込められている。もうひとつの代表格が「笊《ざる》かぶり犬」。笊をかぶっているのは、笊は水の通りがいいので「風邪をひいても鼻づまりしないように」という意味と、「犬」という字に「笊」の竹かんむりの字をかぶせると「笑」という字に似るからだという。

3500種類もの小玩具を扱う 浅草仲見世「助六」

取材にご協力いただいたのは、台東区・浅草仲見世に店舗を構える「助六」。1866年（慶応２年）創業の同店は、間口一間ほどの小さな店内に3500種類ほどの小玩具を揃える。ただの小売店だけでなく、職人さんに玩具の製作を依頼するメーカーであり問屋でもあるという貴重なお店。ここだけにしかない貴重な玩具は、店のご主人の著書『江戸の縁起物 浅草仲見世助六物語』（木村吉隆・著／亜紀書房）にも詳しい。

掩体壕と防空壕

掩体壕

防空壕

飛行機を守る「掩体壕」と人を守る「防空壕」

繰り返し激しい空襲を受けた東京には、今なお見学できる掩体壕《えんたいごう》と防空壕がある。掩体壕とは、空襲から装備や物資などを守るために用いられた格納庫のこと。写真は、府中市の武蔵野森公園内にある「掩体壕 大沢１号」で「飛燕」という戦闘機が格納されていたという。この地にはもともと「調布飛行場」であった関係で、あたりには貴重な戦闘機を格納する掩体壕が多数作られた。見学できる防空壕が、新宿区市ケ谷の「防衛省」内にある「大本営地下壕跡」。この地下壕は、1941年に大本営陸軍部など、陸軍の主要機関が市ケ谷に移転した翌年に作られたもので、当時は大臣室や通信室などがあったという。現在残っているのは壕の構造だけだが、歴史的に貴重な建造物であるため補強工事などを行い、2020年から一般公開が始まった。見学には事前の申し込みが必要。詳細については防衛省のホームページを参照のこと。

通気筒の地上部には石灯籠がある

「大本営地下壕跡」は、戦後GHQが使用したのち返還されたため、内部の詳しい資料が存在せず、細部までよくわかっていないところも少なくないという。ただ、残された遺構から大臣室や浴場、便所などがあったことがわかっている。またこの壕に空気を取り入れるための通気筒の地上部は、カモフラージュのために石灯籠が作られており、これは今でもそのまま残っているという。

歴史的舞台を再現した「市ケ谷記念館」見学記

現在、新宿区市ケ谷にある防衛省では、午前と午後の２回、見学ツアーを行なっています（詳細は防衛省のホームページを参照ください）。P25で紹介した「大本営地下壕跡」は、現在、午後のツアーでのみ見学できるものですが、午前と午後、どちらのコースでも見ることができるのが「市ヶ谷記念館」です。

この記念館の外観と「市ヶ谷」という地名から多くの人が連想するのが「三島事件」ではないでしょうか。1970年11月25日、作家の三島由紀夫が自衛隊にクーデターを呼びかけた後に割腹自殺をしたこの事件では、バルコニーから演説する三島由紀夫の姿が広く報じられました。この三島由紀夫が演説していたのが陸上自衛隊東部方面総監部の「１号館」と呼ばれる建物。この建物内にあった大講堂は1946年から始まった極東国際軍事裁判、いわゆる「東京裁判」の法廷にも使われたものですが、1994年に建物が解体。しかし、この貴重な建物を残すべく一部保存という形で、１号館の象徴的部分を移設・復元したのが、この建物です。

建物の部材は「１号館」のものを使用するなど、その再現度はとても高く、二階の窓から覗くバルコニーの先には、三島由紀夫が実際に立っていたのではと思わせる臨場感があります。また、同じく再現された大講堂は、床の板や床面の傾きなども当時のままで、そのリアルな再現度に驚きます。また、ツアーを案内してくださるガイドの方の解説も見事で、本当に貴重で有意義な見学でした。現在は電話申し込みのみで見学を受付け中です。

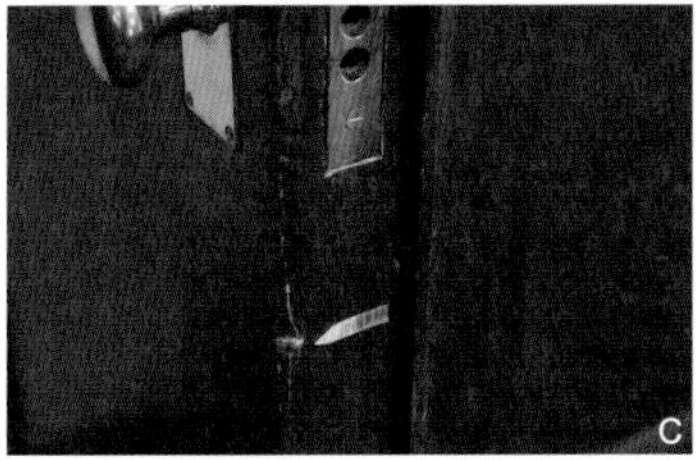

A. 数々の歴史の舞台となった「１号館」を一部再現する形で作られた「市ケ谷記念館」。市ケ谷にある防衛省の敷地の西端に位置する場所に建つ。

B.「市ケ谷記念館」の中に復元された「大講堂」。ここで戦後「東京裁判」が行われた。

C.「市ケ谷記念館」の２階部分にある「旧陸軍大臣室」の扉には、三島由紀夫が付けたとされる刀傷が３カ所残っている。

D.「１号館」のシンボルだった桜（手前）と大時計（奥）が、市ヶ谷記念館の入り口に展示されている。三島由紀夫の演説写真などを見るとこの桜が映っている。

E. ２階部分にある「旧陸軍大臣室」からバルコニーを見る。再現された建物とはいえ、三島由紀夫が立っていたと思わせる。

大森貝塚碑

大田区の碑

品川区の碑

大森貝塚

昭和四十五年五月二十六日建立

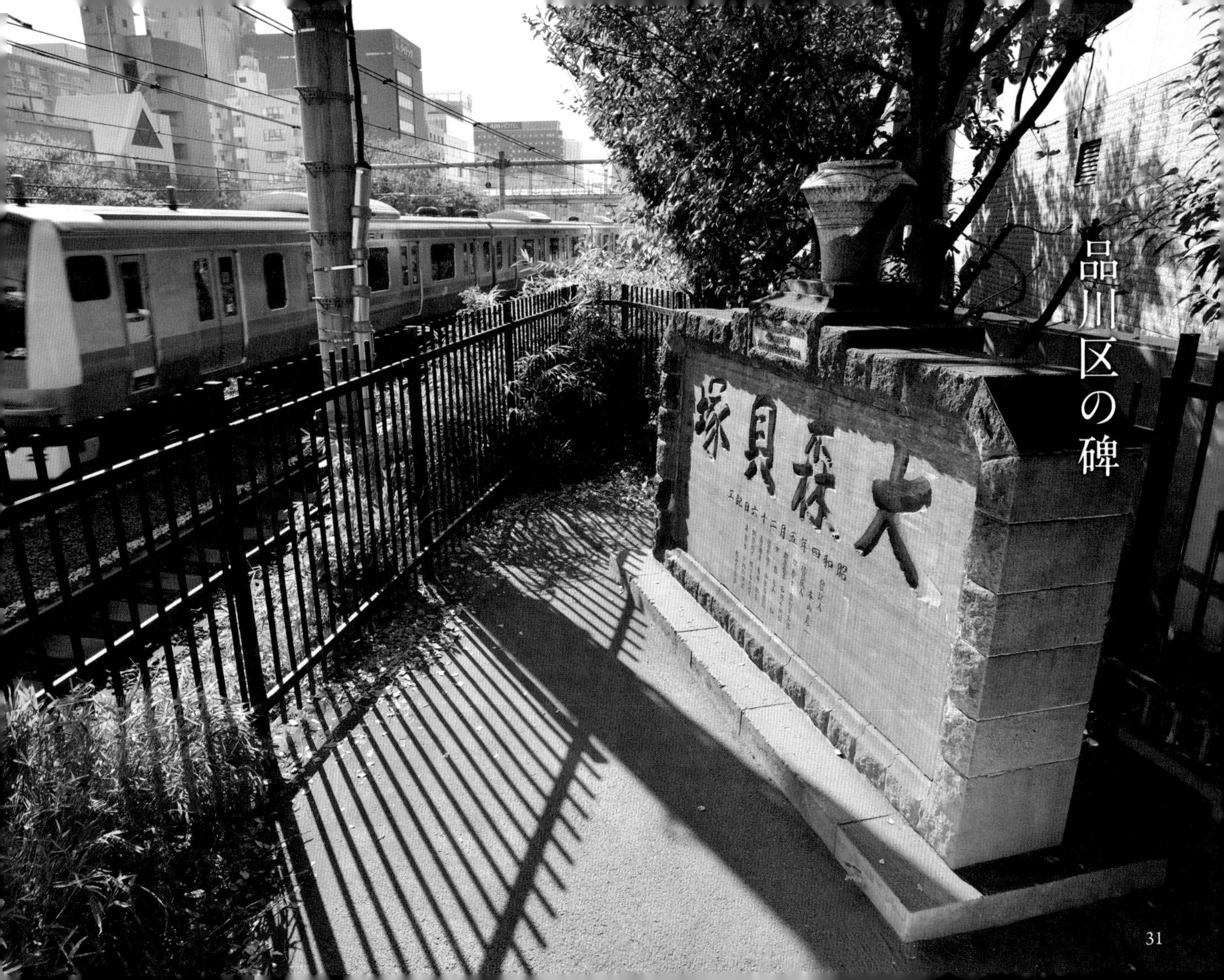

京浜東北線の車内からは 2つの「大森貝塚」の碑が見える。

1877年(明治10年)、アメリカから来日していた動物学者のエドワード・モースは、横浜から東京に向かう蒸気機関車の車内から、大森駅近くの線路脇の崖に貝殻の層を発見。直感的に古代人の貝塚であると感じ発掘調査を行った。この調査結果は「Shell Mounds of Omori」(大森貝塚)として発表され、モースが見つけた貝殻の層も同様の名前で呼ばれるようになった。この調査は日本初の学術調査であったことから、大森貝塚は「日本考古学発祥の地」とされている。なお大森駅と大井町駅の間には、2つの「大森貝塚」の碑があり、大森駅に近い大田区側には「大森貝墟」と記され、一方、大井町駅に近い品川区側には「大森貝塚」と記されている。これは当初、正確な発掘場所がわからなかったため両区が碑を造ったのが理由だが、1984年(昭和59年)の調査から、品川区側の位置が正しいことがわかっている。大井町駅と大森駅の間では、モースになった気分でこの碑を探してみよう。

モース博士が名付けた「縄文式土器」

誰もが社会科の授業で習う「縄文式土器」という名前は、モースが発表した論文のなかの「cord marked pottery」という言葉に由来している。つまりモースは縄文式土器の名付け親でもあるのだ。なお、現在、品川区側「大森貝塚」の石碑が立つところは「大森貝塚遺跡庭園」として整備され、同地にはモースの胸像やモースが見たであろう貝殻層のレプリカが展示されている。なかなか見応えありますよ。

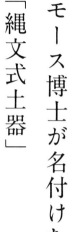

カリスマの聖地

尾崎豊

人波の中をかきわけ 壁づたいに歩けば
しがらみのこの街だから
強く生きなきゃと思うんだ
ちっぽけな俺の心に空っ風が吹いてくる
歩道橋の上 振り返り
焼けつくような夕陽が
今 心の地図の上で
起こるすべての出来事を照らすよ
SEVENTEEN'S MAP
尾崎豊
YUTAKA OZAKI
1965-1992

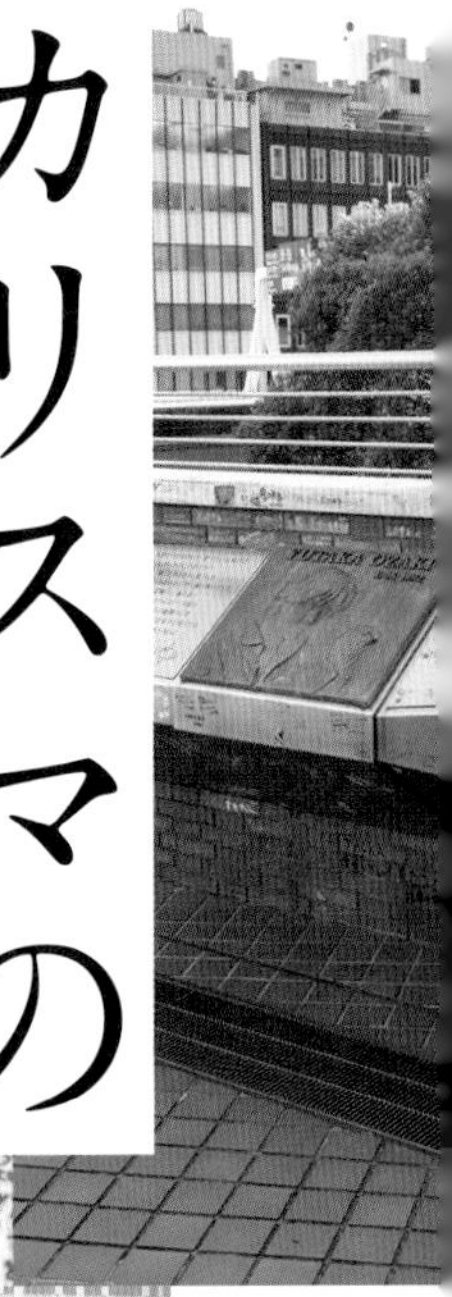

太宰治

尾崎豊は渋谷で夕陽を眺め、太宰治は銀座で酒を飲んだ

この東京には、今なおカリスマ的な人気を誇る人物の聖地とされる場所がある。1992年に26歳の若さで亡くなった歌手・尾崎豊は、青山学院高等部に在学中、渋谷にある東邦生命ビル（現在の渋谷クロスタワー）のテラスでよく夕陽を見ていたという。今、この場所には、彼の肖像画と代表作『十七歳の地図』の歌詞が刻まれた尾崎豊記念プレートが置かれている。一方、38歳で亡くなった作家・太宰治の聖地として知られるのが中央区銀座にあるBAR「銀座ルパン」。1928年（昭和3年）の開業時から、菊池寛や泉鏡花といった文士たちの支援を受けた縁から永井荷風や川端康成といった作家が常連になったという。戦後には無頼派と呼ばれる織田作之助、坂口安吾、太宰治の姿があり、この3人を写真家・林忠彦氏がこの店で撮影した写真はとりわけ有名になった。太宰たちが触ったドアノブ、カウンターなどが今でも残る大変貴重な店である。

「銀座ルパン」で太宰治ポーズに挑戦

林忠彦氏による太宰治の写真は、この店のいちばん奥の席で撮影されており、今でもこの席に座りたいと希望する太宰ファンは数多くいるという。今回、この太宰と同じポーズでの撮影をお願いしたところ快諾くださり「椅子は３つ並べるといいですよ」など丁寧に教えていただいた結果、とても満足いく写真を撮ることができました。この店が聖地であり続けているのは、ファンを暖かく迎えてくれるこの優しいマスターの存在がとても大きいのだな、と感じた次第です。

環状道路

八 環八

七 環七

四 環四（外苑西通り）

三 環三（外苑東通り）

五
環五（明治通り）

六
環六（山手通り）

一
環一（内堀通り）

二
環二（外堀通り）

東京には「環七」「環八」だけでなく「環一」から「環六」もある

環状七号線（通称「環七《かんなな》」）と環状八号線（通称「環八《かんぱち》」）といえば、よく知られた東京の「環状道路」だが、意外と「一から六もある」ということは知られていない。東京の中央部に位置する皇居の周りを走る「内堀通り」と「日比谷通り」の一部が環状一号線で、ここから輪のように二、三……と広がっていく。環状二号線は「外堀通り」と「環二通り」。環状三号線は「外苑東通り」と「言問《こととい》通り」など。環状四号線は「外苑西通り」と「不忍《しのばず》通り」など。環状五号線は「明治通り」などで、環状六号線は「山手通り」と「海岸通り」などがそれぞれに該当している。東京で環状道路が計画されたのは、1927年（昭和2年）のこと。1923年（大正12年）の関東大震災で東京に大きな被害が出たことで計画されたものだが、戦争などの影響で思うように進まず、今でも建設が進められている状況だ。

なぜ「環状一号」から「環状六号」はそう呼ばれないのか？

環七と環八は計画を受けて新設したのに対して、環一から環六は、すでにある道路を利用し足りない部分を補っていく計画であったため、それまでの通り名が使われ一から六の名は浸透しなかったという説がある。そんななか2014年に新たに開通した虎ノ門から有明までの区間は「環二通り」と命名されている。今後、「環二」は、環七、環八と同様に親しまれる名前になるかもしれません。

空襲の痕跡

表参道

言問橋

気づかないところにも空襲の痕跡がある

太平洋戦争時、東京が初めて空襲されたのは、1942年（昭和17年）4月のこと。その後、終戦までに122回の空襲があり多くの方々が亡くなった。このように多大な被害を受けた東京では、今なお空襲の痕跡を街の中に多く見ることができる。表参道に立つ灯篭が黒ずんでいるのは、この地が受けた山手空襲の名残。近くに立つ「和をのぞむ」という石碑には《表参道では、ケヤキが燃え、青山通りの交差点付近は、火と熱風により逃げ場を失った多くの人々が亡くなりました》と記されている。東京でもっとも大きな被害を出した、東京大空襲（1945年3月10日）の痕跡が残るのは隅田川に架かる言問橋の石柱。この橋の両岸から逃げ惑う人が押し寄せたところに火災の熱風が襲ったという。東京を語る上で、1923年（大正12年）に起こった関東大震災と、太平洋戦争時の空襲は決して欠かすことのできない出来事。これらの災厄を乗り越えてきて今の東京がある。

空襲の激しさを物語る「焼け残った電柱」

空襲の激しさ、戦争の悲惨さを伝える遺物には台東区三筋に残された「焼け残った電柱」もある。隣に設置されたプレートには《辛うじて焼け残ったこの電柱には当時の惨状が刻みこまれています》と刻まれている。なお東京の空襲については、江東区の「東京大空襲・戦災資料センター」など、学べる施設がいくつかあります。

正福寺地蔵堂

国宝建築物

迎賓館赤坂離宮

東京都内にある国宝建築物は「正福寺地蔵堂」と「迎賓館赤坂離宮」の2つだけ。

東京都内には国宝の建築物が2つある。ひとつは、東村山市にある正福寺地蔵堂で建立は室町時代の1407年（応永14年）。当時の禅宗様式建築を今に伝える貴重な建造物で1952年（昭和27年）に国宝に指定された。「地蔵堂」の名前の通り堂内には地蔵菩薩が祀られている。もうひとつの国宝建築物は、港区にある迎賓館赤坂離宮。1909年（明治42年）に東宮御所として建築された宮殿建築物で、設計したのはジョサイア・コンドルの愛弟子とされる片山東熊《とうくま》。第二次大戦後は国の迎賓施設として改修され、2009年（平成21年）に日本を代表する建築物として国宝に指定された。現在も多くの各国国王・首相を迎え、国際会議の場としても使用されている。

迎賓館赤坂離宮は噴水も国宝

今回、東京にある２つの国宝建築物を見学してきましたが、素晴らしい体験でした。正福寺地蔵堂は、いろんな時代を経てきた気品が感じられる見事な姿。しばし時間を忘れてゆっくり眺められたのはいい経験でした。迎賓館赤坂離宮は正面を撮影したあと、主庭の噴水も見学しましたが、なんとこれも国宝とのこと。彫刻されているグリフォンなどの造形がとても立派でした。都心にこんな素晴らしい建築物があることは、意外と知られていないのではないでしょうか。誰でも予約なしで見学可能です。前庭では、軽食やカフェなども楽しむことができますよ。

東京の観光は「進化」している

～2020年から見られるようになった場所～

人の記憶や経験というものは、なかなかアップデートされないもので、一度「こうだ」と思ったことは、ずっとそのままということが多々あります。きっと「東京の観光」についても「以前はそうだったから」と、アップデートされないままの人が多いと思うのですが、それはもったいない。これがけっこう「進化」しているのです。

たとえば、本書で取り上げた「迎賓館赤坂離宮」は、一昔前は、見学のためには往復ハガキでの事前申し込みが必要でした。私も以前、この手続きを経て見学したことがあったので、現在、ふらりと訪れて見ることができると知って驚きました。

また、P25で紹介している防衛省の「大本営地下壕跡」が見学できるようになったのは2020年からのことです。これらが変わった契機となったのが、2016年に提言された「明日の日本を支える観光ビジョン」で、これを受け観光地の公開・開放、制限緩和が、国の方針として行われたのです。

上記２つだけでなく、東京だけでも総理大臣官邸や皇居、皇居東御苑、日本銀行などは、以前とくらべて観光しやすいようにと様々な制限緩和が行われています。

「本当はもっと宣伝したかったんですよ」

そう言っておられたのは、今回、隅田川の観光

写真は、東京水辺ラインの船上から撮った一枚。この東武線の電車の下の方に見えるのが歩行者専用の橋「すみだリバーウォーク」で、これがオープンしたのも2020年6月のことです。

船でご協力をいただいた「東京水辺ライン」のスタッフの方。撮影で船の発着所となる「両国リバーセンター」を訪れたのですが、とてもきれいに整備されていて、ホテルなどの宿泊施設も隣接しています。「前からこんな素敵なところありました？」と聞くと2020年の8月に完成したのだとか。ただ、コロナの影響があり、十分に周知できていないのだといいます。きっとこの東京には、こんな事例がたくさんあるのでしょう。2020年の夏に開催されるはずだった東京オリンピックに向けて、たくさんの施設が作られてきました。それらは残念ながら、当初望んだように多くのお客さんを招いてオープンすることができなかったけれど、この東京の新たなる魅力として誕生しています。そういうところは心からお客さんを待っているはずです。いつか日常を取り戻したときには、ぜひみんなで足を運びましょう。そんなとき「東京の観光は進化している」と、新たな視点でその魅力を発見してもらえたらと思うのです。

古墳

野毛大塚古墳

多摩川台古墳群

多摩川沿いには たくさんの「古墳」がある

現在「東京の一等地」といえば銀座などを思い浮かべるだろうが、古代人にとっては、この多摩川流域だったのかもしれない――。そう思わせるほどにこの流域には古墳が多い。そんな古墳のひとつが世田谷区にある「野毛大塚古墳」。5世紀前半に造成されたと推測される帆立貝形古墳で、その全長は82メートル、高さは11メートルになる巨大なものだ。現在見学できる古墳は後世に造られたレプリカだが、下から眺めるだけでなく頂上に登り上から周囲を見渡すこともできるのが素晴らしい。この野毛大塚古墳からほど近い下流部に位置するのが「多摩川台古墳群」。こちらは6世紀後半から7世紀中頃にかけて造られたもので1号墳から8号墳まで8基の古墳が「多摩川台公園」のなかにある。この地は大田区田園調布にあり、都内屈指の高級住宅街と古墳群が隣接しているのが面白い。

街中の「ふくらみ」を愉しむ『東京もっこり散歩』

今回、東京の古墳のことを調べるなかで出会った素敵な本がこの『東京もっこり散歩』（いからしひろき・文／芳澤ルミ子・写真／自由国民社）。古墳だけでなく、富士塚や築山《つきやま》など、東京のふくらみを「もっこり」と称して、きれいな写真と楽しい文章で紹介しています。学問としてではなく楽しもうという姿勢にいたく共感。文章と写真ともに素敵なのは、書き手とカメラマンの共著だからですね。私たちも書き手とカメラマンの共著ゆえ、シンパシーも感じる一冊でした。おすすめ。

見 つ け る 東 京

Part.2

さ行／た行

坂道

明神男坂

夕焼けだんだん

坂道は昔から東京の名所だった

武蔵野台地の東端に位置している江戸の町には、古くから名所のように親しまれてきた坂が多い。そのひとつである「明神《みょうじん》男坂」は神田明神の東側に位置する急な坂道。ここに階段ができたのは、江戸時代に神田の町火消したちが石段を奉納したことがその由来とされている。台地の上の「山手」と台地の下の「下町」は、こういった坂がひとつの境界になって分かれていたのだ。そんな坂道には近年、命名されたものもある。そのひとつがJR日暮里駅から西に進んだところにある「夕焼けだんだん」。1990年にこの地の坂が改装されたときに命名されたもので、西向きに坂が降っていることもあって夕焼けの名所としても名高い。坂道は近年、東京の観光名所のひとつにもなっており、関連書籍も多数刊行されている。東京の町歩きには「ちょっと近くの坂を見ていくか」という楽しみ方もあるのだ。

映画の聖地にもなる坂道

先ほど紹介した「明神男坂」は、アニメ『ラブライブ！』の舞台になったことでも話題になったが、他にも映画の舞台となっているところがある。そのひとつが映画『君の名は。』でラストシーンの舞台になっている「須賀神社男坂」。坂の上からの眺めも美しくファンの「聖地」になっています。

浄水場と東村山浄水場

浄水場跡

西新宿高層ビル街

西新宿高層ビル街は「淀橋浄水場」の構造を利用している。

水が不足していた江戸の地は、川からの水を上水道で運んで利用していた。明治時代になると、コレラが広まった影響もあって水質改善を求める声が大きくなり、1898年（明治31年）に新宿に「淀橋浄水場」が造られる。これにより水質は改善されたが、1960年（昭和35年）の新宿副都心整備計画の決定を受け、新宿の一等地にある淀橋浄水場はその後閉鎖。その機能は「東村山浄水場」などで引き継ぐこととなった。このように西新宿には浄水場があったわけだが、現在でもその名残を見て取ることができる。西新宿の高層ビル街は、上下２層に分かれ立体的な街路や広場を備えた構造になっているが、これは浄水場にあった複数並ぶろ過池の凹凸を利用したもの。前ページで掲載したのは、東村山浄水場と現在の西新宿の様子だが、こうして見くらべると、どことなく似ていると感じられるのではないだろうか。

それぞれのシンボル「UFO」と「六角堂」

撮影にご協力いただいたのは、東村山浄水場を管理する東京都水道局。「西新宿の町には淀橋浄水場の名残がある」という記述を目にするのでどれほど似ているのか伺ったのですが、実際に見ると「たしかに」と感じるところがたくさんありました。上（写真左）で紹介しているのは、東村山浄水場のシンボルともされる高架水槽で通称は「UFO」。一方、淀橋浄水場のシンボルも新宿中央公園に残っており、こちらはかつて浄水場の職員の憩いの場であったという六角堂（写真右）。歴史を感じる素晴らしい建物でした。

西新宿で「ここは水の底だったんだよ」と言ってみる

～昔の自分に教えたいこと～

　西新宿の高層ビル街を彼女と歩いているとき「あのさ、ここが昔、水の底だったって知ってる？」というのは、くさい台詞ですかね。いや、状況にもよるでしょうが、なかなかいいなと思うのです。

　今回の本を作るうえで知ったもっとも好きな話が「西新宿の高層ビル街にはかつて淀橋浄水場があり、今でもその名残が見てとれる」というもの。P62でも紹介していますが、言われてみれば、たしかにここにろ過池があったんだなと感じることができます。

「水の底？」と彼女が反応してくれたら、ぜひ新宿中央公園にある「六角堂」に行きましょう。かつて淀橋浄水場の職員もここで休んだとされる美しい建物で、カップルなら先着一組というサイズ感も実に素敵。ここでそんな少し昔の新宿の話と、これからどこにご飯に行こうかなんて話をする——。「はじめに」でも書きましたが、この本で大切にしたコンセプトは「昔の自分に教えたい場所」。ぜひ学生時代の自分に、この「六角堂」という場所だけでなく、「ここは水の底だった」ということも教えてあげたいなと思うのです。

「ここから３本の電車を同時に見られたらハッピーなれるらしいよ」

西新宿の一角に残る「淀橋浄水場趾」の石碑。1898年から1965年まで、この地には浄水場があった。なお、1947年以前、この西新宿界隈は「淀橋区」だったのです。

こんな台詞も、いいなと思うのです。場所は御茶ノ水の聖橋。P109でも紹介したように、この上から東を向くと、地下鉄丸ノ内線、中央線、総武線の３つの電車を同時に見ることができる。「できる」といっても、その確率はけっこう低く、粘って撮影してくれた山出カメラマンによれば「バランスよく撮影するなら１時間半に一度くらい？」というもの。そんな瞬間を二人で見ることができたらハッピーになれるというのは、あながち嘘でもないように思います。そしてその一瞬を待つ間には、さだまさしさんの歌『檸檬』の話をしてはどうでしょう。この曲に、食べかけの檸檬をこの聖橋から放るというシーンの描写があり、その前段にはこの橋の北側にある湯島聖堂も出てきます。さだまさしさんは、ここで同じように電車を眺め歌詞を作ったのだろう。そんなことを感じられるのもなかなかいいものです。

いろんな時代に、いろんな人が交錯してきたこの東京には、ちょっと知っているだけで魅力的になる場所や風景がたくさんある——。そんなことも、昔の自分に伝えたいと思うのです。

スクランブル交差点

渋谷

銀座数寄屋橋

東京の新たな名所となった「スクランブル交差点」

渋谷のスクランブル交差点が「観光名所」として認知されたのは、一説には2003年に公開されたソフィア・コッポラ監督の映画『ロスト・イン・トランスレーション』の影響とされる。東京で過ごす男女を描いたこのヒット作のなかで、渋谷のスクランブル交差点が象徴的なシーンで使われており、東京を訪れた外国人がこぞって訪れるようになったという。たしかに一昔前には「スクランブル交差点＝観光名所」という認識はほとんどなかったが、今や東京の一大名所となった。この渋谷と並び近年注目を集めているスクランブル交差点が、中央区銀座にある数寄屋橋交差点のそれ。2016年にオープンした東急プラザ銀座の屋上には、このスクランブル交差点を真上から見渡せる「キリコテラス」があり、多くの人がこの美しい眺めを真上から楽しんでいる。

居心地もよい東急プラザ銀座の「キリコテラス」

写真左は、緊急事態宣言下に撮影した渋谷のスクランブル交差点の様子。これだけ人の少ない渋谷スクランブル交差点を写した風景は、なかなか貴重かもしれない。なお、今回はコロナ禍の影響で撮影できなかったが、渋谷のスクランブル交差点を見下ろす商業施設や展望台もある。写真右は、撮影にご協力いただいた東急プラザ銀座。同店屋上の「キリコテラス」は、眺めの良さだけでなく、緑が配された落ち着いた空間も魅力でした。銀座散策の折に、立ち寄ってみてください。

通り

立川

荻窪

明大前

三軒茶屋

すずらん

経堂

神田神保町

南阿佐ヶ谷

銀座

東京にはたくさんの「すずらん通り」がある

東京を歩いていて「この通りどこかで見たことがあるような？」という感覚になったら、それは「すずらん通り」かもしれない——。というのも、この東京には、実にたくさんの「すずらん通り」があるのだ。写真で紹介したのは、西は立川から、東は神田神保町まで、荻窪、南阿佐ヶ谷、経堂、明大前、三軒茶屋、銀座の８つ。またこの他にも小石川や椎名町、志茂にもあり、その数は都内だけで15カ所以上にもなるという。なぜこれだけ「すずらん通り」が多いのかには、大正期にすずらん型の街路灯を着けたところ商店街が繁盛し、これが広まったのではないかという説がある。たしかにすずらん通りを見ていくと、すずらんの花をモチーフにした街路灯がデザインされていることが多いのだ。

東京の「新宿」も ひとつではない

銀座がひとつではないことはよく知られた話だろう。本家銀座は、中央区２丁目（銀座発祥の地の碑がある）だが、都内だけでなく全国各地にたくさんある。また新宿も複数ある。新宿というのは「新しい宿場」という意味。それゆえ各地に同様の地名があり、葛飾区には読み方は「にいじゅく」だが「新宿」の地名がある。写真は品川区にある「歩行新宿」の石碑。これで「かちしんしゅく」と読み、歩行人足を手配する場所であったとされている。

砂浜

城南島海浜公園

お台場海浜公園

「お台場の砂浜が白い」のは 神津島から砂を運んできたから

大田区の城南島海浜公園と、港区のお台場海浜公園の砂浜を見くらべると、砂の色が違うことに気づくのではないだろうか。これは、前者はもともと同地にあった砂を使っているのに対して、人工の砂浜である後者は、その砂を伊豆諸島の神《こう》津《づ》島から運んでいるため。神津島では、定期的に漁港の浚渫《しゅんせつ》（水底をさらって砂を取り除く工事）を行なっており、この砂をお台場海浜公園に運んで使ったという。もちろんこの砂は神津島の浜辺にも使われているので、遠く離れたお台場と神津島の砂浜は、同じ砂が使われているのだ。なおハワイの有名なワイキキビーチの砂も、オアフ島や遠く離れたアメリカ本土のカリフォルニアから運ばれたものだという。

東京に人が住んでいる島はいくつある？

東京には、無人島も含めると330の島があるが、このうち民間人が住んでいる島は伊豆諸島の大島、利島《としま》、新島、式根島、神津島、三宅島、御蔵《みくら》島、八丈島、青ヶ島と、小笠原諸島の父島、母島の11島。これらの島は総して「東京諸島」と呼ばれる。なお、お台場に砂を提供している神津島は、東京諸島のなかでもっとも北に位置する大島から数えて4番目にある島である。

お菓子に見る東京らしさ

～しょっぱいみたらし・シベリア・すあま～

東京は首都であり「なんでもある」ため、その「地方都市・東京」の特性にスポットが当たることがあまりありません。ただ、東京ならではの地域性もちゃんとあって、なかでも個人的に楽しいのがお菓子です。

以前『くらべる日本 東西南北』という本を作ったときに、京都と東京のみたらし団子の違いを紹介しました。見た目の違いとして京都は一串に5つの団子であるのに対して、東京は江戸期に「四文銭」が広まりこれに対応する形で一串4つになったのが今でも続いているといいます。ただ数だけでなく味も違うのです。京都のみたらしは甘いのですが、東京のはしょっぱ甘い。最初は「おっ！」と驚きますが、これがなんか癖になってきて、今ではこのしょっぱいみたらし団子が大好きです。そう意識してみると「たい焼き」なども、東京の老舗とされるところで食べると、往々にしてしょっぱ甘かったりします。この塩気の効いた甘味というのは、江戸の味わいなのではないでしょうか。このほか、浅草の名店「梅園」などで提供されているあわぜんざいは、関西のものと大きく違って汁気がありません。また、東京の桜餅は、関西のいわゆる「道明寺」とは異なり、薄皮のクレープのような生地であんこを包んだものです。

写真は「すあま」。左の「かまぼこ」型が一般的ですが、右のような長丸型もあり、三角もあるのだとか。和菓子屋さんにはあまりなく餅屋さんにあることが多い。あとはスーパーのレジ横にちょこんとあったりします。

関東圏以外ではあまりない和菓子「すあま」も東京に来て初めて出会ったという人も多いでしょう。私も食べるまでは、その名前から「酸っぱいもの」だと思っていたのですが、さにあらず。味わいは「ういろう」によく似ています。このモチモチした食感がなんだかこれも癖になって大変美味しい。ただ、東京でもどこでも売っているわけではなく、地域としては巣鴨や北千住に多く、また形も通常は「かまぼこ型」が多いですが、丸いものや三角のものもあります。

「シベリア」も東京のお菓子です。カステラであ

なぜこんな名前なの
か。ただ東京以外では
これも立派な東京文化。
みかけたらぜひ手に

定番の「人形焼」や、
のある「東京ばな
ローカル色の強い
ぜひ、帰省のお供
と「シベリア」。
「

定価
1430円
税10%
注文カード
書店(帖合)印
注文数
冊
●発行 東京書籍 487
●文 岡部敬史
●写真 山出高士
●書名 見つける東京
9784487815289
ISBN978-4-487-81528-9
C0026 ¥1300E
定価1430円
(本体1300円
+税10%)
注文日 月 日

COLUMN.05

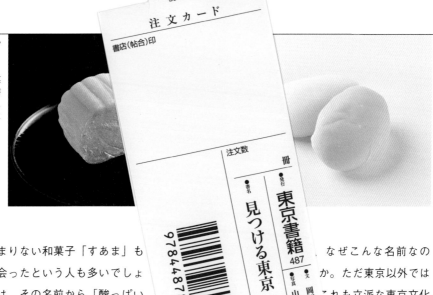

勝鬨橋

永代橋

清洲橋

中央大橋

隅田川からの眺め

隅田川の船上から楽しむ
東京随一の眺め

「東京観光でオススメは？」と聞かれたら「とにかく船に乗って！」と言いたい。それくらい東京の船旅は、気持ちいいだけでなく、歴史や地理を学ぶのにもいいものだ。なかでもオススメなのが、様々な船が運航しており気軽に乗れる隅田川のコース。この航路の見所は、その個性的なデザインから「橋の博物館」とも呼ばれている橋の数々だろう。隅田川には26の徒歩で渡れる橋が架かっているとされるが、国の重要文化財にも指定されている勝鬨橋、永代橋、清洲橋といった名橋の下をくぐりながら見物できるのは船の旅ならではの醍醐味だ。また水門をくぐったり、川の交差点を見たり、普段は自分が乗っている総武線を船の上から眺めたりと、心地よい風を感じながら様々な眺めを楽しむことができる。

隅田川の旅には「東京水辺ライン」を

今回、撮影にご協力いただいたのは、隅田川を中心にお台場や荒川にも船を運航している「東京水辺ライン」。使用している水上バスの「さくら」「あじさい」「こすもす」は東京都建設局が所有する防災船で、有事の際には、救援物資や帰宅困難者の移送を行うという。詳しいコースなどは「東京水辺ライン」のホームページ（https://www.tokyo-park.or.jp/waterbus/）をご覧ください。

ここから下流の「荒川」

荒川

隅田川と

ここから下流の「隅田川」

隅田川と荒川が分岐するのが「岩渕水門」

東京の東部を流れる代表的な川といえば「荒川」と「隅田川」だが、昭和以前、この2つは、現在の隅田川の上流と下流を指す名前だった。古くから庶民に愛されてきた隅田川だが、ひとたび大雨となれば大洪水を引き起こし、1910年（明治43年）の大洪水でも多くの死者を出す。この洪水を契機として、明治政府は「荒川放水路」を作って隅田川の氾濫を防ごうと計画した。北区の岩渕から江戸湾まで、川幅500m、総距離22kmを掘るという壮大なもので、着工から19年後の1930年（昭和5年）に完成。そしてこの「荒川放水路」が、後年「荒川」と命名されたのである。このような背景から、荒川の川幅が広いのに対して、隅田川の川幅は狭く、荒川に見られる広大な土手のスペースもない。なお、荒川から隅田川が分岐する岩渕には「岩渕水門」が設置されて、大雨のときにはこの水門を閉じることで、隅田川を氾濫から守っている。

赤と青の「岩淵水門」

荒川と隅田川が分岐する北区岩渕には、赤と青の２つの水門がある。赤い水門は1924年（大正13年）に造られたもの。青い水門は、赤水門の老朽化と高さ不足から1982年（昭和57年）に新たに造られたものである。現在、赤い水門は使われていないが、荒川放水路と共に近代化産業遺産に指定されたこともあり、当時の姿のまま保存されている。とても美しい水門です。ぜひ見学に一度行ってみてください。

多摩川と

玉川上水

多摩川から玉川上水へ
水を引き込むのが「羽村取水堰」

徳川家康が江戸に幕府を開いて以降、この地の人口は飛躍的に増加することになる。それに伴って起こった問題が、飲料水の不足であった。江戸という土地は、海に近いこともあり良質な地下水に恵まれないため、水源から水を運ぶための「上水道」の建設が不可欠となった。江戸時代に造られた上水道の主だったものは「江戸六上水」と呼ばれるが、そのなかでも大動脈となったのが1654年に完成した「玉川上水」である。現在の東京都羽村市の「羽村取水堰《はむらしゅすいせき》」から「四谷大木戸」までの全長およそ43kmにも及ぶもので、これによって多摩川の水を江戸の町に供給できるようになった。多摩川の水を玉川上水に引き込む羽村取水堰は、玉川上水と同時に建設され1653年に完成。その後、明治、大正期などの増改築を経て、今でも多摩川の水を玉川上水に引き込んでいる。

「玉川兄弟」の銅像と「四谷大木戸」の石柱

現在、羽村取水堰を望む多摩川の岸辺は公園として整備されており、ゆっくりとその姿を見学できる。この公園にあるのが、玉川上水を造った「玉川兄弟」の銅像。工事を請け負った庄右衛門と清右衛門の兄弟は、資金が不足すると私財を投じて工事を完成させた。幕府はその働きを評価して玉川の姓を名乗ることを許したとされる。なお新宿区の四谷四丁目の交差点そばには、玉川上水の終点であった「四谷大木戸」を示す石柱が建てられている。

弾痕

円通寺「黒門」

旧日立航空機株式会社 変電所

写真提供：東大和市立郷土博物館

東京には「戊辰戦争」と「太平洋戦争」の弾痕がある

たびたび「戦場」となってきた東京には、異なる時代の弾丸の痕が残っている。幕末の戊辰戦争の弾痕があるのは、荒川区の円通寺に置かれた「黒門」。もともと上野の寛永寺にあったのを移築したもので、薩長を中心とした新政府軍が徳川幕府を支持する彰義隊に向けて撃った弾の痕とされる。一方、太平洋戦争時の弾痕が残るのが旧日立航空機株式会社変電所。これは1938年に現在の東大和市にあった軍需工場に作られた変電施設で、1945年に三度受けた攻撃時の機銃掃射や爆弾の破片の痕が残っている。この建物は、この傷を残したまま1993年まで操業し続け、その後、戦争を伝える文化財として保存されることになった。現在は都立東大和南公園内にあり誰もが見学可能となっている。

上野公園に残る彰義隊の墓

1868年7月4日(旧暦・慶応4年5月15日)、「彰義隊」を名乗る徳川幕府を支持する武士たちが集結していた上野の寛永寺に、新政府軍が攻撃を仕掛けた——。戊辰戦争のなかで「上野戦争」と呼ばれるこの戦いは、圧倒的な兵数とアームストロング砲など新しい兵器を使う新政府軍の圧勝により、わずか半日で終結する。1874年、この彰義隊の生き残り隊士たちが新政府の許可を得て、隊士たちの火葬場となった上野公園の当地に建立したのがこの墓である。多くの人が楽しそうに行き交うこの地でかつて戦争があったことは、こういった史跡なしになかなか想像しにくいものだ。

「東京問題」を考える

～東京都内でもっとも南にある駅はどこ？～

『超難関中学のおもしろすぎる入試問題』（松本亘正・著／平凡社新書）という本に、日本屈指の難関校・開成中学の「東京問題」が紹介されていました。これは同校のユニークな入試問題で、入口にライオン像があるデパートの名前や、両国の「両」が示す２つの国の名前を問うような問題が例年出題されているそうです。机に向かって勉強することよりも、普段から何気ないことに疑問をもつ好奇心が問われているようで、とても面白い。そこで私も開成中学の入試で使ってもらえるような「東京問題」を考えてみました。

問１／東京都内でもっとも南に位置する駅は、どこにあるでしょう？

あるエリアの東西南北、それぞれの端を問うというのは問題の定番。場所としてならば、東京の最南端は沖ノ鳥島で最東端は南鳥島。最西端は、秩父多摩甲斐国立公園にある雲取山。そして最北端は、先ほどの雲取山からほど近い西谷山《とりだにやま》となります。さて、問題はもっとも南に位置する駅です。いったいどこにあると思いますか？

《答／町田市にある東急田園都市線の「南町田グランベリーパーク駅」》

東京都の南といえば、大田区が思い浮かぶのですが、地図を見ると町田市の南端部が、それよりも南

「問３」は、新宿西口にあるこの構造物は何かという問題。こういった写真を使った問いも面白い気がします。東京の街にはいろんな不思議がありますからね。

に位置しているんですね。改めてみると町田市の形はブーツに似ていてイタリアのようなのです。

問２／「吉祥寺」は、どこにありますか？　２通りの答えを書きなさい。

《答／吉祥寺という街は東京都武蔵野市にある。吉祥寺という寺は文京区にある》。

吉祥寺駅には「吉祥寺」という寺はありません。もともと吉祥寺は水道橋にありましたが、1657年の明暦の大火で焼失。これにより寺は文京区の本駒込に移りますが、その門前に住んでいた人たちが大勢で現在の吉祥寺に移って、そこを吉祥寺と名付けたのです。「２通り」を地名と寺の名前と見抜くことがポイントの問題でした。

問３／これ（写真上）は新宿西口にある構造物です。何の目的で造られたものでしょう。

《答／地下街の換気をするため》

新宿西口のバスターミナルにあるこの穴は、広大な地下街を換気するために造られた「換気口」。たくさんの人が行き交う場所にありますが、この不思議な穴を気にかける人は案外少ないのです。

楠木正成

銅像

西郷隆盛

楠木正成像と西郷隆盛像は同じ人物が造っている

皇居前広場にある楠木正成像と上野公園にある西郷隆盛像は、どちらも「東京三大銅像」に数えられる東京を代表する銅像だが、実はこの２体はどちらも同じ人物が造っている。両者の人物部を造ったのが、日本を代表する彫刻家の高村光雲。そして楠木像の馬と、西郷像の犬（西郷にとって最後の愛犬ツン）は動物彫刻が得意な後藤貞行が担当している。なお楠木像は1900年（明治33年）、西郷像は1898年（明治31年）に造られたが、同じく「三大銅像」に数えられる靖国神社の「大村益次郎像」は、もう少し早い1893年（明治26年）に完成している。明治から昭和初期にかけて多くの銅像が造られたが、少なくないものが戦時中の金属類回収令によって供出されて溶かされている。渋谷のハチ公像も例外ではなく、初代は戦中に供出され、現在あるのは戦後に造られた２代目である。

東京に3体もの銅像がある太田道灌ってどんな人？

東京に3体もの銅像がありながらも、あまりその名が知られていないのが太田道灌であろう。太田道灌は、室町時代の後期に生まれた人物で扇谷上杉家の重臣。とりわけ築城技術に才を発揮し、1457年に江戸城を建築したことで後世にその名を残している。写真は、日暮里駅前の太田道灌像。隣の西日暮里駅そばには太田道灌が出城を築いたとされる「道灌山」がある。このほか新宿中央公園と、東京国際フォーラムに道灌の銅像がある。

都会のオアシス

明治神宮の森

明治神宮の森は１００年前に人の手によって作られた

一昔前には「コンクリートジャングル」などと揶揄されていた東京だが、日比谷公園や新宿御苑、代々木公園に小石川植物園など、都心には都民から愛されている緑豊かな場所が思った以上にたくさんある。そんなオアシス的な場所の代表格――そう感じるのが東京都渋谷区にある明治神宮の森だ。明治神宮は、明治天皇の崩御をうけて1920年に創建された神社。明治天皇と昭憲皇太后を祀り、人々が静かに祈りを捧げられるように、およそ70万平方メートルにも及ぶ広大な森が作られた。創建時この地は荒地だったが、本多静六ら当時の林学者たちが100年後を見据えた植林を行い、現在のような豊かな森へと成長。つまりにわかには信じられないが、ここは人工の森なのである。鎮守の森ゆえに立ち入り禁止区域も多いが、参道を歩くだけでも、都心とは思えない心地よい空気を感じることができる。

美しい森を支える「掃き屋さん」

美しい森を陰で支えているのが明治神宮の「掃き屋さん」。参道がいつも美しいのは、この掃き屋さんが、特製の竹ボウキで丁寧に掃き清めているためだ。なおこの清掃で集めた落ち葉は、森の養分となるようすべて森に返されている。ちなみに、原宿口から歩いてすぐのところにあるCAFÉ「杜のテラス」は、店内から美しい森と鳥居を見ることができる私も大のお気に入りの場所です。

トレインビュースポット

北とぴあ

聖橋

同時にたくさんの電車を見られるのが「東京トレインビュースポット」

東京らしい「トレインビュースポット」といえば、同時にたくさんの電車を見ることができる場所だろう。そんな東京らしいトレインビュースポットとして名高いのが、東京都北区の施設「北《ほく》とぴあ」。ここの17階にある展望ロビーからは東北・北陸・上越新幹線や京浜東北線、宇都宮線などたくさんの電車を見ることができる。眼下に見える飛鳥山公園の桜が咲く季節は、よりいっそう美しい眺めとなる。御茶ノ水にある「聖《ひじり》橋《ばし》」も、オレンジ色の中央線、黄色い総武線、そして赤い地下鉄・丸の内線が交差するように見える都内屈指のスポット。とはいえ3つの電車を同時に見る確率はかなり低いので、もしその「聖橋《ひじりばし》三線交差」の瞬間を目撃できたらかなり幸運だ。なお、この橋の名前は、橋の北側の「湯島聖堂」と南側にある「ニコライ堂」を結ぶことに由来している。

「聖橋」から3つの電車を同時に見るにはどれくらいの時間が必要？

今回「聖橋」から「同時に3つの電車を撮影する」ことに挑戦してくれた山出カメラマンだが、「バランスよく撮影するために1時間半かかった」という。「中央線がホームに停まったら期待大。ここに遠方から総武線が絡んできたらリーチで、トンネルから丸ノ内線が出て来たら大当たりですね」とのこと。総武線の見えている時間は長いが、丸ノ内線はトンネルから突然出てきて消えるので、この丸ノ内線がしっかり撮影できるかが勝負だという。やはり同時に見られる確率はかなり低いので、ふらっと聖橋を歩いているときに3つの電車が見られたらその日の運勢は大吉だと思ってください。なお時折、小さな船が現れることがあり、このレアキャラも絡めて見られたら超ウルトララッキーです。

山出高士の

東京グルメ

七面鳥さんの人気メニュー、オムライス。中華はもちろん、カツ丼、カレー、焼きそばとメニューが豊富。白木のカウンターも素敵で、昭和町中華を堪能できるお店。

町中華の「三種の神器」として一目置いているもの

雑誌やテレビ番組で特集が組まれ、すっかりメジャーになった「町中華」。初めてそのことばを知ったのは、2015年の5月頃。まだ世の中に知れ渡る前だろう、何せ教えてくれたのが、町中華を流行らせた張本人の一人、グルメライターの下関マグロさんなのだから。その後、北尾トロさん、半沢則吉さん、増山かおりさんの著者陣と共に町中華探検隊の写真担当として、雑誌『散歩の達人』にて「町中華探検隊がゆく！」のタイトルで連載を始め、60軒以上の町中華を巡ることになる、さて東京の町中華の話を聞いて貰いたい。

「町中華」とは何か？ 雑誌連載中もその定義は揺れたが、本格中華料理店でなく、ラーメン専門店でもない、赤いテント地に白抜きで店名が書かれ、中華料理の暖簾が下がり、中華料理だけでなく、カレーやカツ丼もあり、安くて量が多く腹一杯になるご近所の中華屋さんといえば、なんとなく思いあたるのではないだろうか？

探検隊の間で「三種の神器」と称して一目置いていたのが「オムライス」「カレーライス」「カツ丼」の3メニュー。どれも中華ではないが人気となっている店が多い。P115の写真の青山「精陽軒」さんはもともと洋食店としてスタートしたが、よりお客さんに喜んでもらうためにと、洋食より安価に提供できる中華料理メインに転身したお店。故にオムライスもとろみの残った玉子が優しく、チャーシューを使ったケチャップライスとベストマッチな本格派である。そのほかに東京で人気の町中華オムライスといえば、高円寺「七面鳥」、堀切菖蒲園「タカノ」だろうか。ともに男性客が多く注文すると聞いた。おじさんは時折、無性にオムライスを欲するようだ。

カツ丼の話も少し。今ではカツ丼チェーン店があり、安く食べることができるが、一昔前はそうはいかなかった。探検隊でカツ丼を語り合った際に「町中華のカツ丼には手が届いた」という話が出たのだがわかる、とてもよくわかる。食堂でのカツ丼は、玉子丼や親子丼の上、高額メニューであろう。カツ専門店ならばさらに値段は上がる。さらっと昼飯に頼んだら「お前競馬でも当てたろ？」と疑われるレベルではないだろうか。しかし町中華なら大丈夫。五反田「平和軒」で月、火、金曜のみ提供されるカツ丼は、グリーンピースが鮮やかな素敵なビジュアルで800円なり。ほら気軽に手が届くでしょ。

ラーメンは食べたいが腹回りや健康が気になる。そんなときに免罪符的にも助かるメニューが「タンメン」だ。関東のローカルメニューのようで、三重県出身の自分も、関東以外で食べた記憶はない。最近ではラーメン専門店の出す、濃厚豚骨スープと合わせたトロみのあるものや、すりおろし生姜を添えたものなど、バリエーションも豊かになったが、町中華のタンメンは塩味のスープにキャベツにもやし、色味にニンジン、香りにニラ、それぞれたっぷり山盛りに麺の上に乗っかっていて欲しい。「野菜が多くてなかなか麺まで行きつかないよ！」なんて店は何度も訪問したい。野菜はスープで煮込まれ、くったりしたタイプもあれば、キリッと炒められて、シャキシャキなタイプもある。後者が好みなら、東陽町「来々軒」が間違いない。餃子も最高に旨いので合わせて注文を！

東京町中華の罠的メニューも紹介したい。「ちゃんぽん」である。当然ちゃんぽんといえば「長崎ちゃんぽん」が有名だ、キャベツにもやしなどの野菜に、あさり、海老などの魚介類、ピンクの練り物などが乗っかった塩味の白濁スープの麺メニューが思い浮かぶだろう。しかし東京町中華のちゃんぽんは、そうとは限らない。店によっては「これタン

ボリュームあるカツが嬉しい平和軒さんのカツ丼。鮮やかなグリーンピースが郷愁をそそる。カツ丼目当てのお客も多く、売り切れ必至。

メンでしょ？」というものや、あんかけ野菜炒めが塩ラーメンに乗っかって出てきたりする。今はなくなってしまったが、荻窪のとある店のちゃんぽんは、炒めたキャベツともやし、にんじん、豚肉を、しょうゆ味のあんかけでまとめ、更に溶き卵が加わる火傷必至の熱々メニューだった。驚いたことに、この「ちゃんぽん」を作った店主は「長崎ちゃんぽん」を食べたことも見たこともなかった。想像だけで作っ

美しいフォルムの精陽軒さんのオムライスは深みのあるリッチな味わい。タンメンは野菜の旨味がしみる、優しい味わい。

たっぷり野菜の下には、ちぢれ太麺が待つ来々軒さんのタンメン。餃子と合わせたセットメニューを「タンギョウ」と呼んだのは来々軒さんが最初。

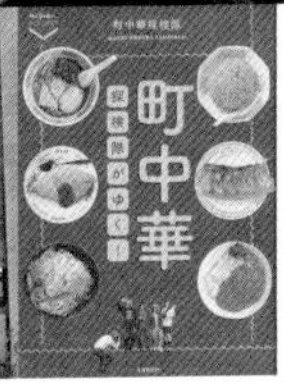

2015年8月から約4年分の連載をまとめた「町中華探検隊がゆく！」（交通新聞社）バラエティー豊かな東京町中華の魅了を掘り起こす力の入った一冊。

てメニューに加え、お店の人気メニューにまで成長させてしまったのだ。町中華のメニュー表に「ちゃんぽん」を見つけたら「これはどんな料理ですか？」なんて聞くのは野暮です。元気に、高らかに「ちゃんぽん下さい！」と注文してください。

東京の町中華を取材していて、よく聞いたのが「お客さんに喜んでもらいたくて」という店主の声だった。その思いがメニュー数を増やし「カツ丼」や「オムライス」をおき、未知のメニューを開発させ、ときには驚くほどの大盛りになり、会計をすれば心配になるほど安いお店に仕上がった理由だろう。後継者不足や、店舗の老朽化で閉めるお店も多くなってきている。昔お世話になったお店を再訪するもよし、近所のまだ開けていないお店の扉を開けるのもよしだ。ただの「中華屋」にとどまらない「町中華」の懐の深さを味わってください。

雷

見つける東京

Part.3

な行／は行／ま行／ら行

聖徳記念絵画館

似ている建物

国会議事堂

神宮外苑で「国会議事堂？」と思うのは「聖徳記念絵画館」。

神宮外苑（正式名称「明治神宮外苑」）を歩いていると「あれ国会議事堂？」と思ってしまう建物が目に入るが、これは「聖徳《せいとく》記念絵画館」である。明治天皇が崩御されたのち、内苑となる明治神宮と外苑となる神宮外苑が造られたが、この外苑の中心施設として建造されたのがこの絵画館。館内には、幕末から明治の終わりまでを、明治天皇の生涯を軸として描かれた80点の巨大壁画が飾られており、誰でも見学可能。建物が完成したのは1926年（大正15年）で、建物の設計図図案は公募され集まった156点から１等図案を参考に造られた。一方、国会議事堂の建物が完成したのは1936年（昭和11年）。こちらも建物の図案が公募されたが、完成したのはその当選図案とは大きく異なり、誰が設計したかは特定されていないという。どちらも左右対称の建造物であるが、大きく異なるのは中央の塔の部分、聖徳記念絵画館はドーム型であるのに対して、国会議事堂はピラミッド型になっている。

国会議事堂にある「謎の台座」

国会議事堂の中央塔の内部は、吹き抜け構造の中央広間になっている。ここには、日本における議会政治の功労者とされる伊藤博文、板垣退助、大隈重信の立派な銅像があるが、不思議なのが、銅像のない「謎の台座」がひとつあること。上記の３人と並ぶもう１人を選べなかったため、あるいは政治には完成がないということを象徴しているという説がある。国会議事堂は見学可能（参議院ホームページ参照）で、この謎の台座も見ることができます。

近代史の聖地「聖徳記念絵画館」の魅力

東京都内で、聖徳記念絵画館ほど「見たことはあるけれど入ったことはない」という人が多い建物も珍しいのではないでしょうか。

実は数年前、この絵画館のガイドブックの制作を手伝う機会がありまして、そんな縁から人よりも少し詳しくなり、人よりもずいぶんとここが好きになりました。それから機会があれば「見たことはあるけど入ったことはない」という人を案内しているのですが、みんな「来てよかった！」と喜んでくれますので、その魅力を少しご紹介したいと思います。

まずこの聖徳記念絵画館は、その名称から「美術館」であることはわかるかと思うのですが、通常の美術館とは決定的に違うところがあります。それは、展示されているものが、開館当時からずっと変わらないということ。通常の美術館では、常設展とは別に特別展の作品を入れ替えるものですが、絵画館は常設展のみ。というのも、この建物自体が当初予定された80点の絵画を飾るために作られているのです。絵画館は、中央ホールを中心に左右に翼を広げたように長く伸びていますが、この両翼の部分が画室で、向かって右側に40点の日本画が、向かって左側に40点の西洋画が展示されています。

この「日本画と西洋画で半数ずつ描いている」という状況は、この絵画館が作られた当時の日本美術界を象徴するものです。この絵画館は、明治天皇の崩御を受けて、明治天皇の生涯を軸に幕末から明治の終わりまでを80点の絵画で表そうとした国家的プロジェクトでした。そこで超一流の

左／西洋画が展示された画室の内部。自然光を取り入れる工夫が建物にされている。この写真からも絵画の大きさがわかるだろう。
右／絵画館のガイドブック『聖徳記念絵画館オフィシャルガイド』（明治神宮外苑・編／東京書籍・刊）。コンパクトなサイズながら80点の絵画と建物のことが、簡潔にわかる。定価1320円（税込）。おすすめです。

画家がこの任務に当たったのですが、明治は西洋画が隆盛してきた時代。そこで前半期の40点は日本画で、後半期の40点は西洋画で描くこととなったと考えられています。なお、一部例外はあるものの基本的には画家ひとりが1点の絵画を担当し、このプロジェクトに参加した画家は総勢76名。なお絵画の大きさは縦が約3mで横が約2.7mという巨大なもの。絵画館の絵画が「壁画」と呼ばれるのはこの大きさゆえのことです。

そして何よりの魅力だと思うのは、きっと初めて訪れた人でも「あ！この絵、見たことある！」という体験ができるところ。邨田丹陵が描いた『大政奉還』や和田英作が描いた『憲法発布式』は、きっと歴史の教科書で見たことがあるはず。そう、あの絵画の数々は、この聖徳記念絵画館にあったのです。

国の重要文化財に指定されている荘厳な建物だけでなく、展示された80点の絵画も見応え十分。各絵画が素晴らしいだけでなく、この80点を見て歩くと、幕末から明治への時代の流れが一望できるところが唯一無二の魅力だなと思います。まさに「近代史の聖地」ともいうべき場所。基本的には毎日見学可能ですので、ぜひ足を運んでみてください。

旧新橋停車場 発祥の地

湯島聖堂

文明開化の中心地だった東京には多くの「発祥の地」がある

文明開化の中心地だった東京には、多くの「発祥の地」がある。動物園の発祥の地は「上野動物園」であるし、喫茶店発祥の地も上野にある。文明開化の象徴のような鉄道ターミナルが初めて作られた「鉄道発祥の地」も東京の新橋にある。この「新橋」とは、現在の新橋駅とは場所が異なり、今の新橋駅から銀座方面に数分歩いたところにあった。この地から当時のプラットホームや駅舎の遺構が発見されたことを受け、2003年に開業当時の駅舎の外観を再現した「旧新橋停車場」が建てられ、現在内部は「鉄道歴史展示室」となっている。一方「近代教育発祥の地」とされるのが、文京区にある「湯島聖堂」。徳川五代将軍の綱吉が儒学を広めるために作った場所で、その後、幕府直轄の「昌平坂学問所」となる。明治の世になると、ここに文部省や東京師範学校、日本初の博物館や図書館も置かれ、近代教育発祥の地となった。

駅伝発祥の地「不忍池」では競馬も行われていた

日本初の「駅伝競争」が行われたのは、1917年（大正６年）のこと。首都が京都から東京に移って50年を記念し、京都の三条大橋から上野の不忍池の東京大正博覧会正面玄関までのおよそ508キロを23の区間に分けて行われた。これを記念して京都の三条大橋のたもとと、上野の不忍池には駅伝発祥の地がある。なおこの不忍池では、明治時代、この池を周回する形で競馬も行われていたのである。

新宿の目

パブリックアート

Cloud

「パブリックアート」に目を向けるのも東京の楽しみ方のひとつ

たくさんの美術館やギャラリーのある東京だが、道や駅などの公共スペースに展示される「パブリックアート」に目を向けてみるのも、この都市のひとつの楽しみ方だ。東京におけるパブリックアートの代表格といえば、1969年に彫刻家・宮下芳子氏が制作した「新宿の目」であろう。高さ3メートル、横幅10メートルにもなるアクリル製の目で、設置から50年以上経つ今も、行き交う人を見つめ続けている。一方、2014年に公開されたのが千代田区内幸町にある飯野ビルの「Cloud」。同ビルのピロティ部分に展示されているこの作品は、アルゼンチン生まれの現代美術家であるレアンドロ・エルリッヒが、10枚のガラスによって大海原に浮かぶ雲を立体的に表現したもの。忙しい人が多い東京では、どちらの作品の前も足早に通り過ぎる人が多い。しかし、ふと立ち止まって眺めてみてはどうだろう。

大江戸線の飯田橋駅にある
パブリックアート

各駅にパブリックアートが設置されていることで知られるのが地下鉄都営大江戸線。各駅の改札口付近には、様々な作品が飾られているが、駅の外にも設置されていることで有名なのが飯田橋駅のＣ３出口。ここの上部にある換気塔には、鋼鉄製の木の葉のような、または羽のようなものが設置されているが、これは内部を守りながら風の流れを調節するという機能も有したパブリックアート。大江戸線に乗った際には、ぜひ各駅の作品をご覧あれ。

ビヤホールライオン 銀座七丁目店

ビヤホール

「ビヤホールライオン 銀座七丁目店」は現存する日本最古のビヤホール

「ビヤホールライオン 銀座七丁目店」は、1934年（昭和9年）にオープンした現存する日本最古のビヤホールである。店内デザインのコンセプトは「豊穣と収穫」。店内正面のモザイク壁画にビール大麦を収穫する女性たちが描かれているだけでなく、店内の壁が赤レンガになっているのは豊かな実りを育む大地をイメージしているため。またシャンデリアはブドウの房を、柱の装飾は大麦を表現するなど、細かなところまでこのコンセプトで統一されている。戦時中の空襲で多くのビヤホールが焼失したが、戦禍をまぬがれたこの店は1945年（昭和20年）から接収され、進駐軍専用のビヤホールになった歴史がある。その後、1952年に一般営業を再開。建物自体は工事や耐震補強を行ってきたが、内装は創建当時のままで今なおたくさんの客を迎えている。

昔ながらのビールサーバーの「一度注ぎ」で提供されるビール

同店のビールサーバーは、他の多くの店の「液体と泡を別々に注ぐタイプ」ではなく、液体を注ぎながら泡を作る形式。この昔ながらのビールサーバーで作る伝統の「一度注ぎ」といわれる方法で、独自のすっきりとした喉越しのビールを提供している。この貴重な歴史的空間でビールを飲んでいるとき、多くの人が「いい店を知ってるんだ」と大切な人をここに連れて来たことだろうと思いました。きっと誰かを連れていきたくなる東京遺産のような場所です。ぜひ訪れてみてください。

東京の粋なるもの

～朝顔の鉢を持って気づいたこと～

台東区の入《いり》谷《や》で「朝顔まつり」なるものが行われていることを知ったのは、おそらく学生のときだったと思います。露店が並ぶなか、たくさんの朝顔が売られているそうですが、「朝顔？　小学生のときに育ててましたけど……」というのが正直な感想。朝顔を買う？　その実態を知らぬ若者にとっては、なんだかよくわからないものでした。

それが後年、子どもと上野動物園に行った帰りに覗いて感激したのです。まず朝顔は小学生のときに育てたものとはまったく違い、色や模様が様々でとても美しい。朝顔を売るお姉さんの売り文句も楽しく「これ一鉢ください！」と買い求めるまで、時間はそれほどかかりませんでした。それで驚いたのが、この朝顔の鉢を持って歩くときの誇らしい気持ち。花束を持って歩くときに感じる少しばかりの気恥ずかしさはまったくありません。ん？　もしかしてこれが粋ってもの？　と思ったのです。

東京の文化は、「粋《いき》」と称されます。

京都が貴族文化から生まれた「雅」であるならば、東京は武家文化から生まれた「粋」。過度に華美にならず、こざっぱりしているなど、いろんな定義があるでしょうが、やはりあの朝顔の鉢は粋だったに違いない。そう思って以来、少し「粋」を意識するようになりました。

過去、振り返ってこれは粋だったなと思うのは

「入谷朝顔まつり」の美しい朝顔。通常7月6日から8日まで開催される。鉢を買って帰ると、次々にいろんな朝顔が咲いて驚きます。とてもいい。未体験の方、ぜひ行ってみてください。

「ぬき」です。

まだ働き始めたばかりの頃、ある先輩が「飲みに行きましょう」と連れて行ってくれたのがとある蕎麦屋。そこで先輩氏が頼んだのが「ぬき」でした。それは何かと尋ねると「天ぷらそばの蕎麦ぬき」だといいます。つまりタネとツユだけが入っているというのですが、これが日本酒に合って旨いのだとか。衝撃を受けました。実際、先輩の真似をしてみるとしみじみと旨く、今思えば、先輩氏はかなり蕎麦屋における粋人だったと思い出すのです。

最近、発見した「粋」は、下足番です。

神田の鳥すきの店「ぼたん」や、森下の桜なべの店「みの家」、浅草のすき焼きの店「ちんや」などに行くと、下足番の方が靴を預かってくれて、代わりに下足札をくれます。客が自身でやればこのような係の人はいらないのかもしれませんが、代え難い心地よさともてなしがあると感じます。こういう一見なくてもいいようなところに、手間をかける。これも粋だと思います。なお個人的な観測ではありますが、下足番の方がいるところは、まず名店といって間違いないでしょう。どこもその空間に身を置くだけで特別な気分を味わえるお店です。

富士塚

山頂
Top of Mini Fuji

六合目
登山順路⑥

富士山を登ったのと同じ
ご利益がある「富士塚」

古来より富士山は霊峰とされ信仰の対象であった。登った者にもご利益があるとされたが遠方であり、また女人禁制であったため、誰でも登れるわけでもない。そこで各地に造られたのが小さな富士山である「富士塚」だ。この富士塚を登れば、富士山を登ったのと同じご利益があるとしたわけだ。関東を中心に造られ、現在、東京都内に70を超える数の富士塚が残っているとされる。写真は、そのなかでも大きさ美しさから「名富士塚」とされる渋谷区千駄ケ谷にある鳩森八幡神社の「冨士塚」。この千駄ケ谷冨士のように常時登ることができるもののほか、毎年7月1日前後に当たる「富士山の山開き」の日だけ登れるところも少なくない。まったく同じ形のものはなく、それぞれが個性的なところも魅力的。見つけたときには参拝し、登れるところはぜひ登ってみよう。

※鳩森八幡神社では「冨士塚」と表記されます。

江戸の町で広く行われた「富士講」や「大山講」

富士山信仰をしていた人たちは「講」と呼ばれる集団を作っていた。これは同じ目的をもった親睦や互助のための集まりのことで、みんなでお金を積み立てて、その費用で誰かが代表して富士山に登ったりしていたのだ。この富士山信仰の「富士講」と並び、江戸の町で多く見られたのが「大山講」。神奈川県伊勢原市にある大山の「大山阿夫利《あふり》神社」への信仰で、江戸から比較的近いこともあって多くの人がこの山を信仰のために登ったという。写真は世田谷区三軒茶屋にある「大山道《おおやまみち》」を示す古い道標。こういったものを頼りに江戸の人たちは、大山を目指したのだ。

富士見坂

富士見スポット

羽田空港

昔は「坂」今は「空港」。
多様化する富士見スポット。

おそらくこの東京の地に人が住まうようになってから、この地の人はずっと西の空に富士山を探してきたのだろう。特に冬の空気が澄んだ朝、くっきりと白い山頂部を見せてくれる富士山は、その姿をちらっと見るだけで幸せな気分になるものだ。江戸時代、富士山を見る場所として広く知られていたのが坂である。文字通り、富士山が見える「富士見坂」は、現在、その名前が残るものだけでも都内に20近くある。ただ、建物の高層化や空気の汚れによって、年々、富士山の見える都内の坂は減っている。今回、撮影したのは世田谷区岡本三丁目にある坂。おそらく23区のなかでは屈指の「富士見坂」であろう。現在は、高層ビルの展望室など、富士山が見えるスポットは多様化しているが、近年、注目されているのが羽田空港国内線第１ターミナルの展望デッキ。たくさんの飛行機越しに、江戸時代の人は決して見ることのできなかった美しい富士山の姿を見ることができる。

「あ！ 富士山だ……」と足を止める人たち

僕は出身の京都から東京に出てきた当初、「東京の人はなぜそんなに富士山が好きなのか」と少し不思議でした。東京の人が「富士山だ！」と指差すたびに「ん？ だから？」と思ったものですが、今ではその気持ちが十分にわかります。世田谷区の岡本三丁目の坂でも、道ゆく人たちが足を止めて富士山を見ていました。富士見坂の風景は、坂から富士を眺めている人も含めて見るといっそう美しいですね。

三鷹市

平和祈念像

北区

「平和祈念像」は東京にもある

長崎県出身の彫刻家・北村西望《せいぼう》（1884-1987）が制作した「平和祈念像」といえば、長崎市の平和公園にあるものと誰もが思うはず。しかし東京都の三鷹市や北区にはサイズは小さいものの、同じ原型から作られた平和像がある。三鷹市の仙川平和公園にこの像が設置されたのは、1989年のこと。北村西望は、平和祈念像を武蔵野市の井の頭自然文化園の中のアトリエで制作するなど、当時、武蔵野市を活動の拠点としていた。この武蔵野市と隣接する三鷹市では、市内の小学校と北村の交流が行われるなどの縁があったため、みたか百周年記念事業の一環として像が置かれたという。北区の「北とぴあ」の正面玄関前に平和像が置かれたのは、1990年のこと。北村が1916年から1953年にわたって北区に在住し、同区初の名誉区民になった縁があり、生前からこの像を設置したいという声があったという。

※なお、北村西望が像の制作を行うためにアトリエを建てたという井の頭自然文化園には、現在も平和祈念像の原型が保存されている。

仙川平和公園にある「アンネ・フランクのバラ」

三鷹市の仙川平和公園には、平和のシンボルとして平和像とともに「アンネ・フランクのバラ」が植えられている。第二次大戦中のユダヤ人迫害を描いた『アンネの日記』で知られるアンネ・フランクの父・オットーは、アンネに捧げられた「アンネ・フランクの思い出」というバラを日本に寄贈。三鷹市では『アンネの日記』の読書指導をしていた小学校に伝わり、ここから株分けされたバラが毎年美しい花を咲かせている。

見つけるコラム 09

東京で故郷を探してみる

～群馬県人はなぜ神楽坂の赤城神社が気になるのか～

『東京新聞』に「私の東京物語」というリレーエッセイがあります。いろんな方が自らの東京での暮らしや思い出を綴るのですが、どうしても地方から上京してきて夢を叶えていく物語に魅かれます。やはり同じように地方から東京に来た自分を重ね合せるからでしょうね。そんななか今でも鮮烈に記憶に残っているのが、シンガーソングライター・半崎美子さんの「東京物語」です。歌手になるという夢を叶えるために北海道から所持金２万円で上京。パン屋さんの住み込みの仕事をするなかで自分の夢を追い求め、愚直にこれを叶えていく――。本当に身震いするほどに感動して、今でも半崎さんからもらった元気を思い出すことがあります。

この本を作るなかで、これと同じように自分を重ね合わせ共感したのが、群馬県の人は神楽坂の赤城神社のことが気になって立ち寄ることがある――というネットの記事でした。神楽坂の赤城神社といえば、私も何度かその前を通ったことがありますが、なぜ群馬県の人はこの神社が気になるのでしょうか。調べてみると、群馬県にはその中央に赤城山があり、運動会では「赤組・白組」の代わりに上毛三山である赤城山、榛名山、妙義山からその名を採った「赤城団・榛名団・妙義団」

写真は千葉県の木更津市にある「祇園」の交差点。なぜ京都と同じ「祇園」という地名があるのかといえば、その昔「祇園社」という名前だった「八坂神社」を勧請してこの地に「祇園須賀神社」ができたため。地方でみる故郷の地名はなんだかとても面白いのでした。

に組分けされるほどに「赤城」という名前に愛着があるそうです。それゆえ赤城神社という名前を見ると「群馬県と関係があるのかな」と思うわけですね。事実、神楽坂の赤城神社は、群馬県の赤城神社から勧請《かんじょう》（分霊）しているので、この直感は正しいのです。

私も東京で故郷の京都にもあった「嵯峨野」や「祇園」といったことばを見ると、やはり反応します。そして実際に京都を感じられる場所も東京にあるのです。そのひとつが、西東京市にある「東伏見稲荷」。この神社は、京都の伏見稲荷大社から勧請して作られたところゆえ、京都の伏見稲荷と同じような鳥居のトンネルがあり、その場所に立つと京都を思い出してなんだか嬉しい。

港区の六本木には「出雲大社東京分祀」があるなど、東京には故郷の神社の分祀がけっこうたくさんあります。広島県の人は広島カープの応援席に行けば故郷にいるような気分になれるそうです。静岡県から来た人は、通勤電車が多摩川を渡るときに、故郷を思い出すと言っていました。

この２年ほど、新型コロナウイルスによって、故郷に帰りたくても帰れないという経験をした人もたくさんいたことでしょう。そんなとき、この東京で故郷を探してみてはいかがでしょう。

ホッピー

一心

KNOB CREEK
JAMESON
LARCENY
I.W.HARPER
HENDRICK'S GIN
Captain Morgan
PRIVATE STOCK

bar kamo

「ホッピー」は東京生まれのビアテイスト発酵飲料

東京の居酒屋でよく見かける「ホッピー」は、1948年に東京の赤坂で製造・販売が開始された東京生まれのビアテイスト発酵飲料。焼酎と一緒に提供される「ホッピーセット」で、焼酎を好みの濃さにホッピーで割って飲む人が多いかもしれないが、店によっていろんな形態で提供されている。東京都調布市の「一心」では、この店が創業した40年以上前から、冷やしたジョッキに凍らせた焼酎を入れて、ここに冷えたホッピー1瓶分を注ぐスタイル。ホッピーには、白と黒の2種類があるのはよく知られているが「55ホッピー」という麦芽使用率100％で一部に海洋深層水を使った贅沢な作りのものがある。この55ホッピーを使いBARで提供しているのが銀座にある「bar kamo」。凍らせた焼酎に勢いよく55ホッピーを注ぐことでよく撹拌し、美味しそうな泡を作り出している。

大衆酒場でもBARでも愛されるホッピー

撮影にご協力いただいたのは、東京都調布市の「一心」と東京都中央区銀座の「bar kamo」。一心のホッピーは、一般的な焼酎よりもアルコール度数の低いものを使ってレモンスライスを入れるのが特徴。一方、bar kamoのホッピーは、BARというだけあってベースのお酒に焼酎はもちろん、ウォッカやジンで提供することもできる。大衆酒場でもBARでもいろんな飲み方で愛されているホッピーなのでした。

青梅

間違えやすい駅

青海

「青海」は海にある。「青梅」は山にある。

JRの「青梅《おうめ》駅」は東京都青梅市の山間部にある駅。一方、東京臨海新交通臨海線（ゆりかもめ）の「青海《あおみ》駅」は、江東区にある海が近い駅である。この距離にして50キロ以上、電車に乗れば2時間近くかかる駅を間違えるという事例が幾度か起こっている。とりわけ注目されるのが、青海駅から近いライブハウス「Zepp Tokyo」に行くつもりが、青梅駅に行ってしまいライブ出演できなくなったというアイドルの話。本当かと笑われる方もいるだろうが、たしかに「青梅」と「青海」は間違えても仕方ないほど字の形が似ている。また「青梅＝おうめ」とは読めても「青海＝あおみ」とは読めない人も多く、経路検索に「おうめ」と入れると似た字の「青梅」と出るので、これでいいと思ってしまう人がいるようだ。東京には「あおいうめ」の「青梅駅」と「あおいうみ」の「青海駅」があることを知っておこう。

知っておくと役立つ地下鉄マークの秘密

東京の電車、とりわけ都内に張り巡らされた地下鉄は、路線図も複雑で「よくわからない」という人も多いはず。まず知っておきたいのは、都心部の駅には「歩いたほうが早い」というケースが少なくないということ。一度、都心を歩き回って「意外と歩けるものだな」と体感することをおすすめしたい。近頃注目されている意外と知られていない豆知識が、「地下鉄の入口にあるマークは改札に近い順に左側から並んでいる」というもの。いくつかの例外はあるものの知っていると何かと役に立つはずだ。

写真提供：新島村産業観光課

新島

蒲田

竹芝

竹芝

モヤイ像

渋谷

東京でモヤイ像があるのは渋谷だけではない

スマホを所持するのが当たり前になった現在「待ち合わせ場所」という概念もなくなりつつあるが、一昔前、東京・渋谷の待ち合わせ場所といえば「ハチ公前」か「モヤイ像前」が定番だった。あまりにそのイメージが強く「モヤイ像＝渋谷」と認識している人が多いだろうが、東京にモヤイ像があるのは、渋谷だけではない。前ページで紹介したのは、すべて東京にあるモヤイ像である。左上にあるのは、モヤイ像発祥の地である新島のもの。新島では「舫う（もやう／助け合う）」ということばが今でも使われており、同地の作家がイースター島の「モアイ像」を真似た像を作りこれを「モヤイ像」と命名して島に飾るようになった。そしてこのモヤイ像が、1980年に新島の東京都移管100年を記念して竹芝と渋谷に、その後、蒲田駅前やお台場などに寄贈されるようになったのだ。

モヤイ像がたくさんある島「新島」

新島には、現在100基前後のモヤイ像があるという。もともとは発案者の作家が作っていたが、観光客誘致のため道具を貸し出し希望者が彫刻して増えていったという経緯があるそうだ。島のあちこちにあるが、「夕日の丘」と「湯の浜露天温泉」のあたりがモヤイがたくさんある場所として知られている。新島は、調布飛行場から飛行機に乗れば約40分。高速ジェット船でも2時間20分で到着する思ったより近い東京の島。ぜひ一度訪れてみたい。（写真提供：新島村産業観光課）

深谷駅

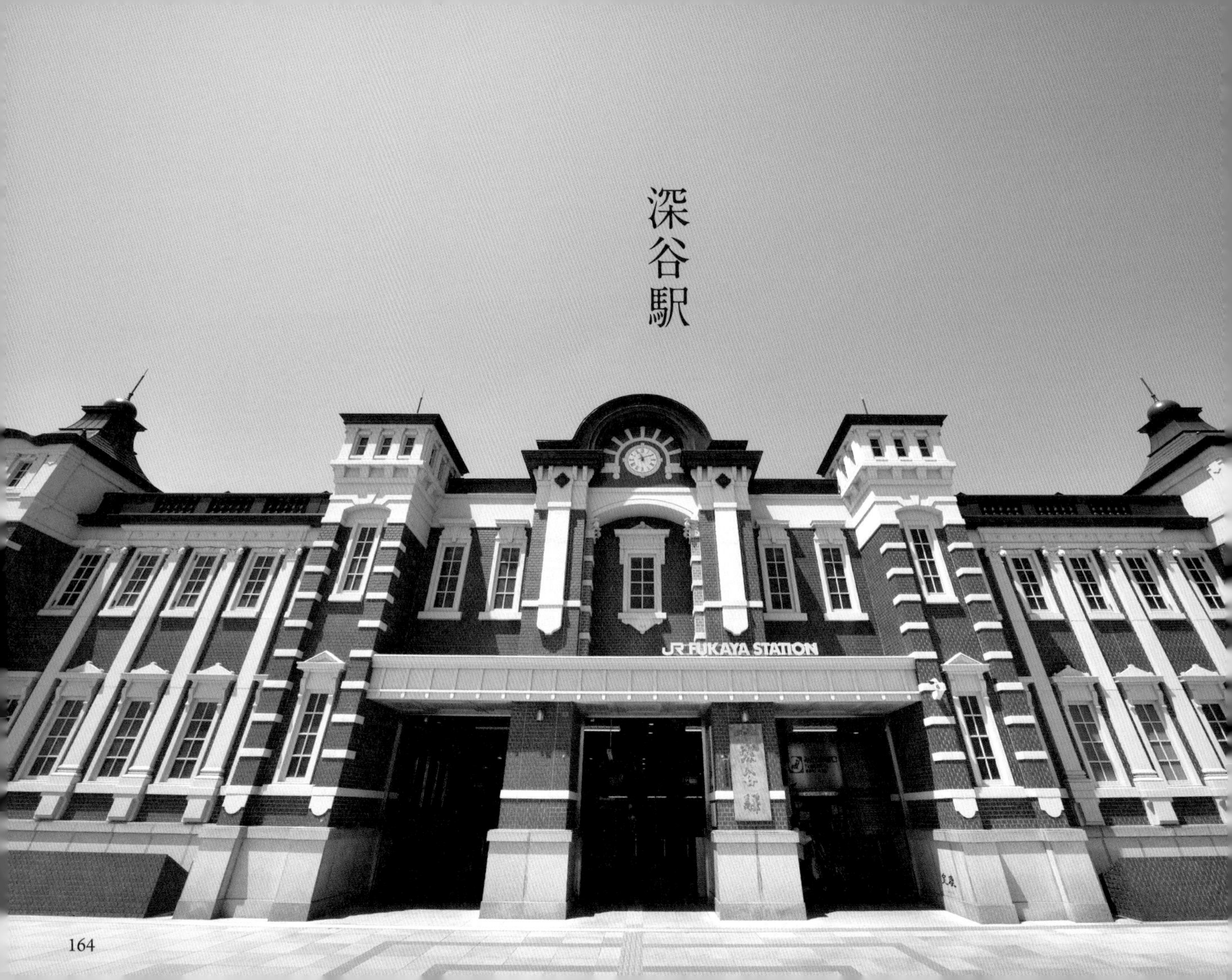

レンガ造りの駅舎

東京駅

深谷駅と東京駅は共にレンガ造り駅舎

東京駅の駅舎は「日本近代建築の父」とも呼ばれる辰野金吾（1854-1919）が設計し、1914年に竣工した。関東大震災でも残った頑丈な建物だったが、1945年の東京大空襲によって大きく破損。戦後、修復されるも資材の不足などもあって元どおりにはならなかった。その後、市民運動などもあり元の姿に復元する工事がなされ2012年に工事が完了し、東京の新たなるシンボルとなった。この駅舎の大きな特徴がレンガ造りだが、このレンガは埼玉県深谷市にある工場で造られたもの。そんな縁から深谷駅は、1996年に東京駅とそっくりの形に造られている。サイズはもちろん異なるが、内部には東京駅にもある吹き抜けのドーム天井を設《しつら》えるなど、細部にわたってよく似た造りになっている。

深谷駅前にもある渋沢栄一の銅像

東京駅に使われたレンガを造った工場である日本煉瓦製造株式会社は、深谷市出身の渋沢栄一（1840-1931）が設立に関わった会社。NHK大河ドラマの主人公にもなり、また新しい一万円札の肖像画になることも決まっている渋沢栄一は、同市の偉人ということで深谷駅前には大きな銅像がある（写真左）。なお渋沢の銅像は、邸宅があった東京都北区の飛鳥山公園や大手町の常盤橋公園内などにあるもの（写真右）が有名だが、胸像なども含めると多数造られており、その数は20以上になるのではと記す資料もある。

岡部敬史の

東京グルメ

どんどん好きになる東京の味、変遷史
〜「ちくわぶ」とお近づきになる〜

　京都出身の私が東京に移り住んだときに、いちばん身構えたものといえば「うどん」です。「東京のうどんのツユは真っ黒でな。それはそれは怖ろしいもんじゃ」と、方々で聞いて育つわけです。それこそ皇女・和宮が「武蔵の国にはいきとうない」とごねるように「東京のうどんは食いとうない」と思って育ったのです。

　とはいえ「一度くらいは」と頼んでみたのですが、聞いた通りの真っ黒いツユ。その色を見ただけで「やっぱ……うどんは京都で……」と思ったものでした。また京都にいるときは、蕎麦というのは縁遠いもので、年に一度、年越しそばを食べるくらい。そんな諸事情から「立ち食いそば屋」なるところに、ほとんど足を踏み入れたことがありませんでした。

　そんなとき、運命の一冊に出会います。それが『偉いぞ！立ち食いそば』（文春文庫）。著者は「大先生」と敬愛する東海林さだおさんです。この本のなかで「富士そば」の全メニュー制覇にチャレンジするという企画があり、そのメニューのなかに「コロッケそば」がありました。風の噂にそういう珍妙な一品があることは聞いていましたが、食べようと思ったことさえありません。しかし大先生は《結論を最初に申し上げる。コロッケそばは大変おいしい。立ち食いそば界の傑作である》と書いておられるのです。この一文を読んで、いてもたってもいられなくなり、富士そばでコロッケそばを食べたあの日の衝撃はいまだ忘れられません。コロッケを箸でつぶして、ちょっとモロモロとさせながら食べていると、なんだかそばのツユがどんどん旨味を増していく。そして蕎麦を食べ終え、ツユを飲み干したときの「あー！うまい！」という感覚！　そして「春菊天も美味しいよ」とか「ごぼう天もなかなかいい」なんて話を聞くにつれ、方々の立ち食い蕎麦に行く頻度が急上昇。そうするうちに、ひるんでいた黒いツユも「これはこれでとても美味しいな」と思うようになったのです。

「住めば都」とはよく言ったもので、その後も昔は少し敬遠していた「東京の味」がどんどん好きになりました。

　関西では、トーストといえば厚いものこそ正義で、8枚切りの食パンを買う人はあまりいません（というかほとんど売っていない？）。当初「8枚？」と、困惑気味に敬遠していたのですが、このカリッと焼いた薄いトーストが今では大変好みになりました。

「やきとん」も、関東の文化ですよね。関西では、ほとんど聞いたこともありませんでしたが、今ではやきとんを食べながらビールやホッピーを飲むのが大好きになりました。海苔も京都では「味付け海苔」

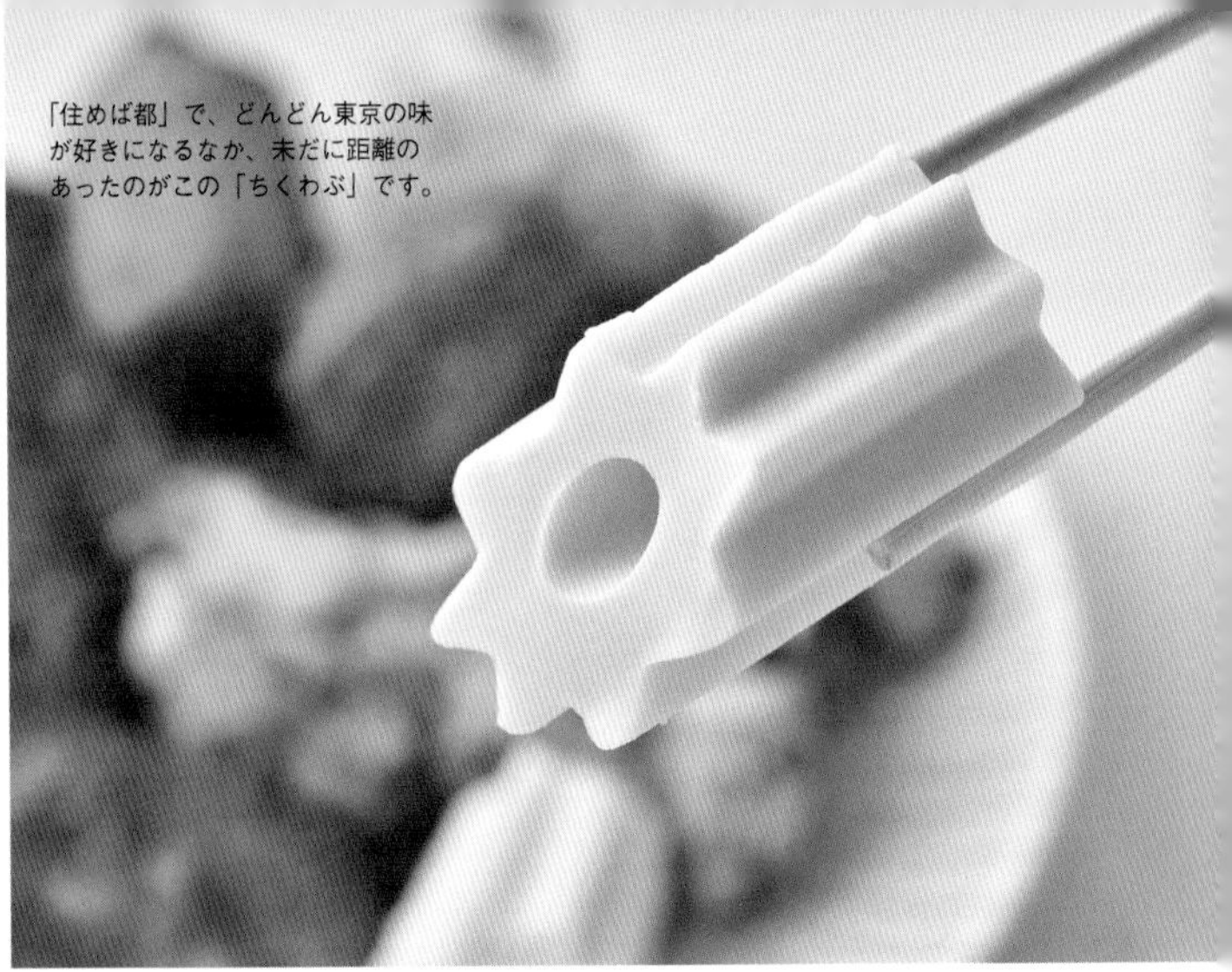

「住めば都」で、どんどん東京の味が好きになるなか、未だに距離のあったのがこの「ちくわぶ」です。

ばかり食べていましたが、今は焼き海苔好きですね。

このように住んでいるうちに、こちらの嗜好になっていったのですが、いつまで経っても手を出したことがない東京グルメが「ちくわぶ」です。ちくわぶとは、竹輪の形をした小麦粉の練り物のことで、東京のおでんには必ずといっていいほど入っています。しかし、おでんとは「選択の食」。おでん鍋を前に座ったカウンターでも、コンビニのレジでもたくさんの具のなかから好きな具を選んで食べる。このためどうしても未体験の「ちくわぶ」を選ぶことがありません。しかし、今回「東京」と銘打つ本を作るにあたって「ちくわぶは知りません」という態度では、よろしくないでしょう——。そう思って、ちくわぶとお近づきになるべく、おでんの美味しそうなお店に行ってみました。

それが、北区の田端銀座商店街にある「佃忠かまぼこ店」。昔から水質がよいとされる北区には古くから練り物屋や豆腐屋がたくさんあったそうです。またちくわぶも同区で誕生したという説もあり、おでん文化を全国に発信しようと「北区おでん」プロジェクトを2013年に始動しているのです。そう、北区はおでんの区なのです。

そんなおでんの北区を振興しているお店のひとつが、こちらの「佃忠かまぼこ店」。おでん種がショーケースに並ぶだけでなく、鍋の中にも美味しそうな

山出カメラマンと一緒に店のベンチで食べたちくわぶとおでん種。

同店のおでん種は、美味しいだけでなく、見た目も実に美しい！

北区の田端銀座商店街にある「佃忠かまぼこ店」

具があり、見ているとお店の軒先に置かれたベンチで食べて帰る人がいます。「これいいなぁ」と三重県出身で同じくちくわぶとは縁遠いという山出カメラマンと店先でちくわぶを食べたのですが、これが美味しかった。少しも粉っぽい感じがせず、モチモチと食感も心地よい。まずおでんのツユが素晴らしいとお伝えすると「いろんな具を煮るとね。やはりいろんな具のダシがでるから」とご主人が笑顔で教えてくれました。やはりちくわぶも、このツユで煮るから美味しいのかと聞いてみると、そうでもないようで、ちゃんと美味しいちくわぶは、その本体から美味しいそうです。

　今まで縁遠かったちくわぶと、ずいぶんお近づきになれたと感じた今回の取材。今度、自宅でおでんを作るときは、仲間に入れてあげようかなと思うのでした。

文・岡部敬史

本書を作り始めたのは2020年の秋でしたが、それから完成まで「コロナがなければ……」と思ったことは、数知れません。東京都内には、2021年1月7日に二度目の緊急事態宣言が出され、これが3月21日に解除されるも4月25日に三度目の緊急事態宣言が発令され、この原稿を書いている現在でも、それが続いています。緊急事態宣言下、都が運営する施設は閉まっていて撮影不可。また商業施設や飲食店の撮影も制限され、なかなか思うように進みませんでした。

ただ、作っているときに、こういった時世だからこそ「東京の本」を出す意味はあるんじゃないかとも思ったのです。2020年に開かれるはずだったオリンピックに向けて、東京の観光は大きく進化しました。しかしそれらは当初の目的を果たすことができていません。これからその東京を誰が見て歩くのか。誰が楽しむのか——。その第一歩を踏み出すのは、東京の我々であり、日本の私たちだと思うのです。

そんな一助に本書がなれれば嬉しく思います。

最後に御礼を。大変な時期にもかかわらず、撮影にご協力くださったみなさんありがとうございました。山出カメラマンとは、コロナの影響で撮影後の乾杯ができなかったので、次作時は倍以上の乾杯を。山形の地で、この本のデザインをしてくれているサトウミユキさんとは、安全になった東京でぜひ乾杯をしたいと思います。

東京に明るい乾杯の声が響き渡る日が早くくることを願っています。

写真・山出高士

今作のテーマは「東京」、長年東京を紹介する雑誌『散歩の達人』に参加しているだけに大いに頑張りたいテーマである。撮影時の工夫や、写真の見どころの紹介をあとがきとしたい。

まずは富士山、世田谷区岡本の富士見坂から見た富士山の写真は300mmの望遠レンズで、富士山の見えるポイントから、うーんと離れて撮影している。眺める人と遠く離れた富士山をレンズの持つ圧縮効果で、ぐいっと近づけて撮影してみた。

森を撮るなら新緑の頃がいい、柔らかい緑が光を通し、美しい濃淡を作ってくれる。桜の花が散った後の1ヶ月間が新緑の見頃と覚えておけば見逃すこともないだろう。「明治神宮の森」の見頃のひとつと言える。

銅像は大抵高い台座の上に乗っている、目を凝らしても細部を見ることは不可能だ。そこでまたもや望遠レンズの出番。クローズアップして見れば、その精巧さに息を飲むはずだ。紙面で伝われば嬉しい。

この本の作成中もコロナウイルス感染拡大の影響は大いにあった、撮影したい場所に入れない、行けない。まだしばらく、自由に接触を恐れず出歩くことは難しいようです。「こんな時こそ近所の再発見を！」とよく聞きます。聞き飽きたなんて意見も耳にしますが、本書はいかがだったでしょうか？　新しい発見があったならば嬉しく思います。

写真を撮るために、日の出前に起きたり、高いところに登ったり、わざと遠くから眺めてみたりします。いつもいる時間や場所から少しずれることが、再発見のポイントだなと再認識しました。不自由が続きますが工夫をしながら生活してゆきましょう。本書をお手に取っていただき、ありがとうございました。

撮影協力　＊敬称略

飯野海運株式会社
一心
円通寺
参議院
小田急電鉄
銀座ルパン
迎賓館赤坂離宮
公益財団法人 東京都慰霊協会
公益財団法人 東日本鉄道文化財団
聖徳記念絵画館
正福寺
精陽軒
築地本願寺
佃忠かまぼこ店
東急プラザ銀座
東京都水道局
東京水辺ライン
仲見世 助六
新島村産業観光課
日本空港ビルデング株式会社
bar kamo
鳩森八幡神社
東大和市立郷土博物館
ビヤホールライオン 銀座七丁目店
防衛省
ホッピービバレッジ
明治神宮

主要参考文献

『江戸東京まち歩きブック』
（公益財団法人東京観光財団・編／中央経済社）

『江戸の縁起物 浅草仲見世助六物語』
（木村吉隆・著／亜紀書房）

『記憶と記録のなかの渋沢栄一』
（平井雄一郎 高田知和・編／法政大学出版局）

『大辞林』
（iPhone アプリ／物書堂）

『楽しく調べる東京の歴史』
（東京都小学校社会科研究会・編著／日本標準）

『玉川上水 その歴史と役割』
（羽村市郷土博物館／羽村市教育委員会）

『タマゾン川 多摩川でいのちを考える』
（山崎充哲・著／旬報社）

『超難関中学のおもしろすぎる入試問題』
（松本亘正・著／平凡社新書）

『東京裏返し』
（吉見俊哉・著／集英社新書）

『東京水路をゆく』
（石坂善久・著／東洋経済新報社）

『東京地理入門』
（菊池俊夫 松山洋・編／朝倉書店）

『東京道路奇景』
（川辺謙一・著／草思社）

『TOKYO マニアックガイド
東京発祥の地めぐり』
（発祥の地探訪会・編／マイナビ）

『東京もっこり散歩』
（いからしひろき・文　芳澤ルミ子・写真
／自由国民社）

岡部敬史（おかべたかし）

1972年京都府生まれ。早稲田大学第一文学部卒。大学進学を期に上京。その後、東京在住。出版社勤務後、ライター・編集者として活動。著書に『くらべる東西』『くらべる時代 昭和と平成』『目でみることば』『似ていることば』（東京書籍）『将棋「初段になれるかな」会議』（扶桑社）『風雲児たちガイドブック解体新書』（リイド社）などがある。個人ブログ「おかべたかしの編集記」。

山出高士（やまでたかし）

1970年三重県生まれ。梅田雅揚氏に師事後、1995年よりフリーランスカメラマン。『散歩の達人』（交通新聞社）などの雑誌媒体のほか、商品写真や企業広告も手がける。2007年より小さなスタジオ「ガマスタ」を構え活動中。著書に『くらべる東西』『くらべる時代 昭和と平成』『目でみることば』『似ていることば』（東京書籍）などがある。『人生が変わる! 特選 昆虫料理50』（木谷美咲、内山昭一・著／山と溪谷社）、『もにゅキャラ巡礼』（楠見清、南信長・著／扶桑社）でも写真を担当。

見《み》つける東《とう》京《きょう》

2021 年 7 月 15 日　第 1 刷　発行

岡《おか》部《べ》敬《たか》史《し》・文
山《やま》出《で》高《たか》士《し》・写真

発行者　千石雅仁
発行所　東京書籍株式会社
〒 114-8524 東京都北区堀船 2-17-1
03-5390-7531（営業）
03-5390-7500（編集）

デザイン　サトウミユキ（keekuu design labo）
編集協力　（有）SPOON BOOKS

印刷・製本　株式会社リーブルテック

ISBN978-4-487-81528-9 C0026

出版情報　https://www.tokyo-shoseki.co.jp
乱丁・落丁の場合はお取り替えいたします。